흔들림 없는 믿음

*Faith Undaunted*
by Donald Macleod

Copyright ⓒ 2022 Donald Macleod
Originally published in English by Christian Focus Publications Ltd,
Geanies House, Fearn, Ross-shire, IV20 1TW, UK.
www.christianfocus.com
All rights reserved.

This Korean edition copyright ⓒ 2024 by Word of Life Press, Seoul, Korea.
Translated and published by permission.

# 흔들림 없는 믿음

ⓒ 생명의말씀사 2024

2024년 3월 20일 1판 1쇄 발행

펴낸이 | 김창영
펴낸곳 | 생명의말씀사

등록 | 1962. 1. 10. No.300-1962-1
주소 | 서울시 종로구 경희궁1길 6(03176)
전화 | 02)738-6555(본사) · 02)3159-7979(영업)
팩스 | 02)739-3824(본사) · 080-022-8585(영업)

기획편집 | 태현주, 임선희
디자인 | 박소정
인쇄 | 영진문원
제본 | 보경문화사

ISBN 978-89-04-16867-5 (03230)

저작권자의 허락 없이 이 책의 일부 또는 전체를
무단 복제, 전재, 발췌하면 저작권법에 의해 처벌을 받습니다.

# 흔들림 없는 믿음

도널드 매클라우드 지음
김태곤 옮김

생명의말씀사

## 추천의 글

『흔들림 없는 믿음』(Faith Undaunted)을 읽은 후에, 나는 J. C. 라일(J. C. Ryle)의 설교를 들은 노부인이 보였던 반응을 떠올리지 않을 수 없다. "그는 주교가 아니야. 나는 그의 말을 모두 이해할 수 있었어!" 도널드 매클라우드(Donald Macleod)는 사도신경의 믿음에 대한 감동적이고 면밀하며 기운을 북돋우는 변증을 통해 우리를 복되게 한다.

데일 랠프 데이비스(Dale Ralph Davis) 저명한 저자이자 구약학자

기독교 복음의 위대한 주제들을 설명하면서, 간결성과 아름다움, 명확성과 포괄성을 결합시킨 책들이 이따금 나온다. C. S. 루이스(C. S. Lewis)의 『순전한 기독교』(Mere Christianity)나 팀 켈러(Timothy Keller)의 『하나님을 말하다』(The Reason for God)가 그런 책이다. 이제 도널드 매클라우드의 『흔들림 없는 믿음』도 그런 책들 가운데 한자리를 차지해야 한다.

이 책은 기본적인 기독교적 확신의 주요한 윤곽을 간명하고 조화롭게 전해 준다. 믿음의 특성과 그것의 이유와 근거들을 제시한다. 사도적 기독교의 핵심 교의들을 개괄하며, 그리스도의 인격과 사역에 특별히 초점을 맞춘다. 그리스도인의 삶, 진리의 특징과 주장들, 그리고 이성과 믿음과 경험의 위치와 관련된 흔한 실수와 혼란들을 온화하면서도 단호하게 다룬다. 이 책은 교회를 무시하지 않고, 예수님을 믿는 모든 신자에게 교회를 기리며 추천한다. 또한 이 책은 우리 모두를 불러, 비록 '사망의 음침한 골짜기'를 지날 것을 요구할지라도, 제자도의 길에서 우리의 십자가를 지고 선한 목자의 인도를 따르게 한다. 그리스도인이라면 누구나 이 훌륭한 책을 통해 유익을 얻을 것이다. 특히 새 제자들에게 믿음의 기초를 제시하는 안내자로서 이 책은 너무나 소중하다.

데이비드 스트레인(David Strain) 미시시피주 잭슨 제1장로교회 담임목사

contents

추천의 글   4
서문   8
시작하는 글   14

01 신 의식 | 18
믿음에 대한 의문 제기 | 우리의 믿음이 옳다는 것을 자신에게 증명하기 | 우리가 어릴 적부터 지녀 온 믿음을 어떻게 설명할 수 있을까?

02 대안들의 파탄 | 30
태초에 하나님이 | 그분이 말씀하시면 그 말씀이 이루어진다 | 우리는 이해할 수 있는 세상에서 살고 있다 | 너무나 복잡한 게놈

03 피조물에 남아 있는 하나님의 발자국 | 44
하나님의 대화 상대들 | 개인들과의 약속 | 친밀한 대화들 | 주님이 내게 말씀하셨음을 그들이 결코 믿지 아니하리이다

04 예수, 우리 가운데 계시는 하나님 | 58
기이한 권능 | 거룩하심과 순전하심 | 분명히 인간이지만 흠 없으신 영웅

05 그분이 살아나셨다 | 76
부활절 아침 | 부활은 빈 무덤만으로 입증되지 않는다 | 다메섹으로 가는 길 | 왜 그토록 많은 지면을 부활에 할애할까?

06 성경 | 90
하나님을 대신하여 말하다 | 무엇이 성경을 신성하게 하는가?

07 다른 어떤 것과도 같지 않은 책 | 88
성자 하나님에 대한 묘사 | 죄: 즉각적으로 흥미를 잃게 하는 요소 | 최종 결과

# Faith Undaunted

**08 내가 믿사오며: 믿음과 확실성** | 122
철학적 가설들 | 믿음과 역사적 회의론

**09 교리로부터의 도피** | 140
교리가 아니라 삶 | 배신 | 예수님의 윤리의 엄격성 | 제자들을 위한 교훈 | 실패의 대가 | 윤리를 문화에 순응시킴

**10 경험으로의 도피** | 158
머리는 마음에 반하는가? | 문자와 영 | 신학과 경험 | 프리드리히 슐라이어마허 | 믿음은 경험을 유발한다 | 결론

**11 다 같이 한 곳에 모였더니** | 182
신성한 기관 | 거룩한 집회 | 그들은 가르침을 위해 함께 모였다 | 친교 | 떡을 뗌 | 기도

**12 나는 거룩한 공교회를 믿습니다** | 202
한 교회만 있을 뿐이다 | 교회는 거룩하다 | 성도의 교제 | 보편성 | 결론

**13 좁은 길** | 224
좁은 문으로 들어감 | 좁은 길 | 힘든 길 | 십자가의 길

**14 선한 목자를 따라** | 240
목자 | 사망의 음침한 골짜기 | 원수들 앞에서 열리는 잔치 | 평생에 함께하는 선하심과 인자하심 | 하나님의 집에 영원히 살리로다

# 서문

여기 현대의 과학적 세계관에 의해 믿음이 심각하게 훼손되고 거의 허물어진다고 생각하는 시대에 폭넓은 독자층을 확보하며 주의 깊은 관심을 받아 마땅한 책이 있다.

믿음이 붕괴되고 있다고 추정되는 것이 사실이다. 하지만 믿음을 갖는 일은 허물어지기는커녕 분명히 건재하다. 유신론적이며 기독교적인 세계관을 폄하하는 사람들은 매일같이 자신의 신조들을 확신 있게 표방한다. "나는 진화가 만물의 창조자라고 믿는다." "내 믿음은 최종적인 설명 도구인 과학에 의해 형성되었다." 또는 우주의 기원에 대한 흔한 확신도 있다. "나는 중력을 믿는다." 물론 문제는 이 믿음의 대상 중에서 무로부터 무엇인가를 나오게 하는 창조적인 능력을 가진 것은 하나도 없다는 것이다. 그리스 사상가 파르메니데스(Parmenides)의 시대와 마찬가지로 오늘날에도 '무로부터는 아무것도 나오지 않는다.'라는 것은 여전히 참되다.

하지만 흔히 무분별하게 사용하는 '나는 …을 믿는다.'라는 말은 그 대상이 무엇이든, 믿음이 우리의 삶에 있어 기본적인 것임을 강조하는 것일 뿐이다. 어떤 것이 참임을 믿는 것, 또는 특정한 진리 주장이나 특정한 사람들을 신뢰하는 것, 그리고 그 믿음에 근거하여 행동하는 것은 인간임이 무엇을 뜻하는지 나타내는 단편이다. 우리가 의도적이고 의식적으로 하든 그렇게 하지 않든, 기본 전제를 갖는 기본 신조를 가지고 자신의 삶의 방식을 통해 그것을 고백하는 것은 불가피한 일이다. 믿음의 사람들이 인류의 일부를 구성할 뿐이라는 개념은 오류다. 우리 모두는 믿음의 사람들이다. 진짜 문제는 그 믿음의 내용과 특성이다.

도널드 매클라우드(Donald Macleod)의 『흔들림 없는 믿음』(Faith Undaunted)이 중요하고 반가운 것도 바로 그 때문이다. 이 책이 중요한 것은 우리가 무엇을 믿는가 하는 것이 삶의 기본이고 우리의 성품에 깊은 영향을 미치며 우리 삶의 방식을 형성하기 때문이다. 이 책이 반가운 것은 이 저자가 남다른 지적 능력을 지녔고 역동성과 간결성을 모두 담은 특출한 문체를 가지고 있기 때문이다. 이 책에서 그는 '나는 믿는다.'라는 문구의 의미를 찬찬히 설명해 준다.

기독교 신앙을 고백하는 뛰어난 지성인들이 과학, 문학, 의학, 법학, 고급문화 등의 모든 분야에서 발견되지만, 어떤 면에서는 가장 흥미롭게도 철학에서 발견된다. 아직 알지 못하는 독자를 위해 먼저 밝혀야 할 것은 매클라우드 교수가 기독교 신학자라는 사실이다. 그러나 만일 당신이 이 사실로부터 미숙한 결론을 내린다면, 당신은 그가 당신의 생각을 돌이킬 뿐만 아니라 계속 이 책을 읽어 나가지 않을 수 없을 정도의 호기심을 불러일으킨다는 것을 곧 알게 될 것이다. 그래서 당신은 흔히 모든 질문 중에서 가장 크고 근본적인 것으로 여겨져 온 질문에 대해 끈기 있게, 그리고 명확하게 그와 함께 생각해 보게 될 것이다. 그 질문이란 "왜 아무것도 없지 않고 무엇인가가 있는가?"이다.

그 질문은 지적인 사람들에게 줄곧 떠오르는 것이며, 이 질문에 대해 안이한 대답들이 너무나 자주 제시된다. 자애로운 창조적 능력자이시며 인격적이신 하나님의 존재를 부인하는 사람들은 그분을 거짓되고 비인격적인 신으로 대체하면서 그 신에게 교묘한 호칭을 붙이지만 그것이 무로부터 무엇인가를 만들어 내지는 못한다.

이 책의 논거를 따라가면서, 당신은 몇몇 낯선 이름을 만날 것이다. 하지만 걱정할 필요가 없다. 매클라우드 교수는 그 사람들이 누군지 알려 줄 뿐만 아니라 우리 시대에 그들이 미친 영향의 특성도 설명해 주기 때문이다. 따라서 『흔들림 없는 믿음』은 여러 면에서 교육적이다. 이 책을 읽어 가면서 독자들은 이내 그러한 유익을 감지할 것이다.

몇 년 전 '텔레그래프'(The Telegraph)에서 보도된 사건을 통해 무심코 예시되었듯이, "나는 하나님을 믿습니다."라는 오래된 기독교 고백이 쉽게 떨쳐 버릴 수 없는 것이라고 하는 도널드 매클라우드의 주장은 분명히 옳다. 그 보도에 따르면, 영국 소설가 킹즐리 에이미스(Kingsley Amis)를 위한 추도식에서 그의 아들 마틴(Martin)은 그의 아버지와 러시아 극작가이자 시인인 예브게니 A. 옙투셴코(Yevgeni A. Yevtushenko)의 대화를 회상하면서 좌중을 유쾌하게 했다. 아마도 옙투셴코는 영국인이라면 모두 '그리스도인'임을 자인할 거라고 생각했을 터였고, 그래서 에이미스에게 그가 실제로 무신론자인지를 물었다. 에이미스의 대답은 이러했다. "물론 나는 무신론자요. 하지만 그 이상이죠. 나는 그를 미워해요."

그곳에 모여 유쾌해했던 사람들은 오래 생각하지 않고도 그 명백한 모순의 말이 사실상 심오한 자기 계시임을 알아차렸을 것이다. 무신론자임을 자처했던 에이미스는 '나는 …을 믿는다.'로부터 벗어날 수 없었다. 그 자리에서 그 말을 듣고 웃었던 몇몇 영국 엘리트들도 자기 마음속의 불안한 울림으로 인해 공허해졌을 것이다. 아무튼 하나님을 미워한다는 에이미스의 부주의한 고백은 이 책에서 다루는 주제가 의미심장하다는 사실을 분명히 보여 준다.

만일 당신이 이미 신자라면, 당신은 이 책에서 많은 동기 부여와 도움을 발견할 것이다. 만일 당신이 신자가 아니라면, 나는 당신이 지적인 진지함과 도덕적 용기를 갖고 이 책을 계속 읽어 나가기를 바란다. 어느 경우든 당신은 왜 이 책에서 다루는 주제가 중요한지를, 그리고 이 책의 발간이 왜 그토록 반가운지를 알게 될 것이다.

싱클레어 B. 퍼거슨(Sinclair B. Ferguson)

## 시작하는 글

젊은 그리스도인 시절, 나는 머리로 아는 지식의 위험성에 대해 많이 들었다. 그리고 이와 결부되어, 기독교가 직면한 가장 큰 위험이 학습과 그 학습을 수행하고 제시하는 학자들이라고 하는 견해를 들었다. 지식은 위험했다. 믿음은 사고의 문제가 아니라 마음의 문제였으며, 마음은 교의 없이도 완벽하게 잘해 나갈 수 있었다.

그 당시에는 이런 정서가 복음주의 전반에 널리 퍼져 있었고, 나름대로 그것이 위안이었다. 믿음은 지적 정당화를 배제할 수 있었다. 하지만 나는 J. G. 메이첸(J. G. Machen)의 『기독교와 자유주의』(*Christianity and Liberalism*)와 『믿음이란 무엇인가?』(*What Is Faith?*), 그리고 B. B. 워필드(B. B. Warfield)의 학구적인 저서들을 접했을 때, 사고에 대한 의혹과 교리에 대한 거부감은 복음주의의 특징이 아니라 기독교 정통이 개탄했던 자유주의의 특징임을 깨달았다.

현대주의는 다양한 측면을 지녔지만, 그 모든 것의 공통점은 경건이 무엇보다도 경험과 감정의 문제라고 하는 신념이었다. 기독교는 주로 신념 체계가 아니라 가치들의 집합이라는 것이다. 중요한 건 삶이며 삶은 자신이 무엇을 믿는지와 무관하게 영위될 수 있다는 것이었다.

역설적이게도 현대 신학의 창안자들이 제시한 학문은 기독교의 제자도와 기독교적 학문의 오래되고 기품 있는 전통에 쐐기를 박는 일에 익숙했다.

그리고 20세기가 전개되면서, 상대주의라는 또 다른 패러다임이 대중의 마음을 사로잡았다. 가장 급진적인 형태의 상대주의는 진리 같은 건 없다는 것을 뜻했다. 보다 온화하게 말하면, 그것은 우리가 아무것도 확신할 수 없음을 뜻했다. 확실성은 교만이었으며, 예수님의 삶이나 기독교 윤리의 핵심 원칙 같은 문제들에 대해서는 특히 그러했다. 진리는 나를 위한 진리일 수 있지만 다른 누군가를 위한 진리는 아니었다. 그리고 이러한 태도는 곧 복음주의 진영에서도, 특히 학생들과 점증하는 복음주의 학교들에서 나타나기 시작했다. G. K. 체스터턴(G. K. Chesterton)은 이렇게 말한다. "오늘날 우리를 괴롭히는 것은 그릇된 겸손이다. 겸양이 확신의 자리를 대신 차지했다. 결코 그래서는 안 되는 자리였다. 사람은 자신에 대해 의심하되 진리에 대해서는 의심하지 말아야 한다. 그러나 정반대가 되었다."[1)

이 소책자는 여행 이야기를 담은 것이 아니다. 내가 어디에 도착했는지, 그 이유가 무엇인지에 대한 내용이다. 내가 부분적으로만 안다는 점을 인정하지 않을 수 없으나(고전 13:12), 나는 히브리서 11장 1절의 말씀을

---

1) G. K. Chesterton, *Orthodoxy* (1908, Reprinted London: Fontana Books, 1961), p. 31.

흔쾌히 내 것으로 삼을 수 있다. "믿음은 바라는 것들의 실상이요 보이지 않는 것들의 증거니." 나는 보이지 않는 것들을 확신하며, 하나님이 행하신 일을 확신한다. 그리고 그분이 약속하신 것이 언젠가 이루어질 것을 확신한다.

# 01

## 신 의식

나는 평생토록 하나님을 믿어 왔다. 이것은 위험한 시인처럼 들릴 수 있다. 종교적 신념은 역사적 사건의 문제, 즉 어릴 적의 훈육 또는 자신의 부모를 기쁘게 하려는 마음에서 비롯된 것이라는 의혹을 곧바로 갖게 하지 않는가? 물론 이 주장은 양쪽으로 열려 있다. 어머니의 품에서 무신론을 배울 수도 있다. 하지만 그렇다 하더라도, 내가 시인한 말은 내가 하나님을 믿게 된 것이 합리적 논거나 주의 깊은 증거 탐구를 통해서가 아님을 시사한다.

그러한 의혹에 대해서는 나도 곧바로 동의할 수밖에 없다. 신이 계심을 입증하기 위해 토마스 아퀴나스(Thomas Aquinas) 시대 이후로 이용되어 온 소위 유신론적 증거들을 듣기 오래전에 나는 하나님을 믿었다. 나만 그런 것이 아니다. 오랫동안의 엄밀한 철학적 사유 과정의 결과로 하나님을 믿게 된 사람들은, 설령 있다 하더라도 극소수다.

성경은 하나님의 존재를 당연시하며 단순히 "태초에 하나님이…"라고 선언한 다음에 진짜 신비로 보는 것을 기술한다. 그 신비란 하나님의 존재가 아니라 우주의 존재다. 시편 기자에 따르면, 하늘이 하나님의 영광을 선포하지만(시 19:1), 이는 하늘이 하나님이 존재하신다는 증거라는 뜻은 아니며, 그분이 '아마도' 존재하실 거라는 증거라는 뜻은 더욱 아니다. 시편 기자는 하나님이 존재하심을 당연시하며, 하늘이 무궁히 펼쳐진 그 복합성과 아름다움으로 선포하는 것은 하나님이 존재하신다는 것이 아니라 그분이 영화로우시다는 것이다.

신약성경도 동일한 시작점을 채택한다. 사도 요한은 창세기 서두를 떠올리게 하는 말로 그의 복음서를 시작한다. "태초에 말씀이 계시니라." 그리고 사도 바울이 로마서에서 복음을 설명하기 시작한 것은, 하나님이 존재하심을 증명함으로써가 아니라 하나님이 모든 사람 안에 자신을 계시하셨다는 선언을 통해서이다(롬 1:19). 하나님은 자신이 지으신 것들을 통해 자신을 드러내시며, 그리하여 그분의 영원한 능력과 하나님 되심이 분명히 보이게 하셨다.

동시에 바울은 이 계시 자체가 참된 경건으로 결코 이끌지는 않는다는 것을 충분히 인식하고 있다. 사람들은 언제나 계시를 억누르며 왜곡한다. 대부분의 경우에, 이는 그들이 우상 숭배와 거짓 종교에 빠지고 소수의 사람들은 신의 존재를 아예 부인하는 것을 뜻한다.

어떤 식이든 사도는 우리가 핑계 대지 못한다고 말한다. 우리 모두는 계시를 받았고, 그것을 이해했다. 심판 날에 하나님은 그 계시로 우리가 어떻게 행하였는지에 대해 우리에게 해명을 요구하시며, 온전히 그렇게 하실 권한이 있으시다.

존 칼빈(John Calvin)은 사도 바울이 놓은 기초 위에서 선언하기를, 모든 사람의 마음에 '신 의식'(sense of deity)이 새겨져 있고 모든 영혼에 '종교의 씨앗'(seed of religion)이 뿌려져 있다고 했다. 전 세계적인 종교 현상을 설명하는 것이 바로 이 보편적 신 의식이다. 칼빈은 키케로(Cicero)를 인용하면서 "하나님이 계시다는 뿌리 깊은 확신을 갖지 않을 정도로 미개한 민족이나 야만적인 사람은 없다. 삶의 어떤 측면에서 짐승과 다를 바 없어 보이는 사람들마저 여전히 어느 정도 종교의 씨앗을 지니고 있다."라고 했다.[1] 모든 사회에 사제와 제단과 신전이 있는 것도 바로 이 때문이다.

---

1) John Calvin, *Institutes of the Christian Religion*, ed. John T. McNeill, trans. Ford Lewis Battles (Philadelphia: Westminster Press, 1960), I:III, 1.

이 종교들은 거의 다 큰 해악이었지만, 그럼에도 불구하고 이들은 인류가 하나님을 보편적으로 의식하며 이런저런 수단으로 그분의 노여움을 모면하려 함을 나타내는 증거이다.

내가 어릴 적부터 하나님을 믿는 사람들에게 둘러싸여 있었다는 사실은 전혀 특이하지 않았다. 내가 인도나 베트남이나 사우디아라비아에서 자랐더라도 마찬가지의 상황이 전개되었을 것이다. 내가 십 대에 이르렀을 즈음에 하나님께 의존하는 세계에 사는 것을 당연시한 것은 전혀 특이하지 않았다.

### 믿음에 대한 의문 제기

그렇다면 어느 시점에 우리가 이 믿음에 대해 의문을 제기하고 '나는 왜 믿을까? 이 믿음이 정당화될 수 있을까?' 하고 자문하기 시작하는 것도 특이하지 않다. 때로는 그런 질문들이 우리가 믿는 모든 것을 의문시하는 심각한 위기까지 이를 수 있다는 것 또한 특이하지 않다.

우리의 믿음을 더 많이 확신했을수록 위기는 더 커진다. 우리가 잃은 것은 이론만이 아니다. 우리는 빛이나 의미나 소망이 없는 세상 속에 빨려 들어간 자신을 발견한다. 붙들 것이나 확신할 것이 하나도 없는, 그리고 자신이 논리적이라면 십계명이나 황금률에 따라 살 이유가 전혀 없는 세상이다. 우리가 소망할 수 있는 최상의 대상이 화석에 불과한 것일 뿐인 세상이다.

그런 의심들을 야기하는 것이 무엇인지는 결코 명확하지 않다. 인문주의자들은 그것이 현대 과학이나 철학이나 심리학이나 성경비평학이나 쓰디쓴 현실에 갑자기 노출되는 것이라고 주장할 것이다. 그 현실이란, 세상에 너무나 많은 악이 존재함을 갑자기 깨닫고 "(만일 신이 존재한다면) 어떻게 하나님이 그토록 많은 잔혹함과 폭력을 허용하실 수 있을까?" 하고 묻게 되는 현실을 가리킨다.

아마도 그런 주장들은 믿음에 심각한 도전을 유발할 것이다. 종교의 해로운 영향이라고 간주하는 것으로부터 젊은이들을 구해 내는 것을 일생의 사명으로 여기는 카리스마적 인물들이 그런 주장을 제시할 경우에 특히 그러한 것이다. 하지만 의심이 언제나 합리적 논거나 현대 과학의 발흥에 따른 산물이라는 개념은 착각이다. 많은 그리스도인이 찰스 다윈(Charles Darwin)이나 지그문트 프로이트(Sigmund Freud)나 다비트 프리드리히 슈트라우스(David Friedrich Strauss)가 등장하기 오래전부터 개인적으로 무신론과 싸웠다. 이들 중에는 스코틀랜드 신학의 위대한 인물들인 브레아의 제임스 프레이저(James Frdaser), 토머스 할리버튼(Thomas Halyburton), '랍비' 덩컨(Duncan)이 포함된다.

물론 마귀는 무신론자가 아니다. 하지만 그가 의심의 씨앗을 뿌리는 데에는 굳이 과학이나 심리학이나 사회적 억압이 필요하지 않다. 그가 취하는 것은 '만일'이나 '분명해?'라는 난데없는 생각, 또는 '진정 네가 이것을 확신할 필요가 있는가?'와 같이 지혜로워 보이는 말이 전부이다. 게다가 그는 우리의 의심을 우리의 개인적 신경증과 결부시키는 데 능숙하다. 우리는 불안해질수록 더 큰 확실성이 필요하다. 그리고 신학적 상실로 인한 압박을 더 많이 받을수록 자신을 위로하기가 더 힘들어진다.

### 우리의 믿음이 옳다는 것을 자신에게 증명하기

그렇다면, 일단 우리가 소용돌이 속에 빨려 들어갔다면, 자신의 믿음이 옳다는 것을 어떻게 자신에게 증명할 수 있을까? 하지만 이 질문 자체가 제기되기 힘든 것 아닌가? 우리는 믿음을 지닌 후가 아니라 그 전에 근거들을 발견해야 하지 않는가? 그것들을 발견하지 못했다면, 우리의 주장은 단지 바라는 바에 불과하지 않은가? 우리는 하나님이 존재하시기를 원하며, 그다음에 그것을 입증할 논거들을 찾고 있다.

이에 대한 명백한 대답은, 그것이 과학에서 일어나는 일과 전혀 다르지 않다는 것이다. 과학에서는 (종종 직관의 산물인) 가설들이 대개 증거 이전에 제시되며,[2] 그것을 찾아내려는 소망에서 실험이 전개된다. 과학자는 그가 실험적 입증을 하기 전에, 심지어 어떤 종류의 실험을 행해야 하는지 알아내기 전에 자신의 이론이 참임을 확신할 수도 있다. 이는 믿음으로 시작하여 근거들을 찾아 가는 신학자와 같은 입장에 있다. 모든 이론은 입증되지 않은 가설에서 시작되었다.

---

[2] 아인슈타인(Albert Einstein)의 다음과 같은 말을 참조하라. "새로운 아이디어는 갑자기, 다소 직관적인 방식으로 떠오른다." Walter Isaacson, *Einstein: His Life and Universe* (London: Simon and Schuster, 2007), p. 113.

예컨대 일찍이 1915년에 아인슈타인(Albert Einstein)이 수학을 통해 일반 상대성 이론을 발표했지만, 그것이 입증된 것은 4년 후 일식이 진행되는 동안에 찍힌 사진들이 태양 주위에서 굴절된 별빛의 존재를 확인시켜 주었을 때였다. 물론 물리학의 가설을 입증하는 데 필요한 증거는 종교 분야의 가설을 입증하는 데 필요한 증거와는 현격히 다르지만(이것은 너무나 자주 간과되는 사실이다), 그럼에도 불구하고 과학자의 접근법과 신학자의 접근법은 기본적인 유사성을 보인다.

신학자의 접근법은 안셀무스(Anselmus)에 의해 규정되었는데, 11세기에 그는 자신의 일생의 작업을 '이해를 모색하는 믿음'(*fides quaerens intellectum*)이라고 정의했다. 신학은 자신과 다른 사람들을 믿도록 설득하기 위해 나중에 생각해 낸 것이 아니었다. 그것은 그가 이미 지닌 믿음의 근거들을 제시하기 위한 시도였다. 안셀무스의 경우, 기독교 신앙은 이미 만개한 것이었다.

### 우리가 어릴 적부터 지녀 온 믿음을 어떻게 설명할 수 있을까?

내가 어릴 적부터 지녀 온 믿음을 어떻게 설명할 수 있을까?

먼저 하나님을 의식하는 것에 대한 사도 바울의 설명이 나 자신의 경험과 정확히 부합한다는 것을 인정함으로써 설명할 수 있다. 하나님에 대한 생각은 언제나 내 마음속에 있었다. 바울에 따르면, 그것이 내 마음속에 있는 것은 하나님이 그것을 거기에 심으셨기 때문이다.

세상 종교들의 특징인 우상 숭배도 이 의식이 보편적임을 보여 준다. 우상 숭배는 무신론이 아니라 깊이 새겨진 유신론의 왜곡이다. 모든 사람은 영원한 능력과 하나님의 존재, 그리고 자신이 그분에게 전적으로 의존되어 있고 언젠가는 그분에게 해명해야 한다는 것을 알고 있다(롬 1:20). 온 세상 사람이 신전을 짓고 기도하며 제사를 드리는 것도 바로 이 때문이다. 양심은 가장 타락한 사람마저 떨게 한다. 미식축구 슈퍼스타들은 경기장으로 달려 들어가면서 십자가를 긋고, 득점할 때에는 경배하는 마음으로 하늘을 응시한다. 누군가와 사별하는 순간에는 가장 경솔한 현대인들도 세상을 떠난 사랑하는 이들이 하늘에서 자신을 내려다보고 있다고 확신하는 것 같다.

이 모든 사실은 로마서 1장에 비추어 우리가 예상할 수 있는 것과 일치한다. 여러 해 후에, 존 칼빈의 사도 바울 해설을 접하게 되었을 때, 나는 사도 바울과 종교 개혁가 칼빈이 묘사하는 사람 속에 나 자신이 포함된다는 것을 곧바로 알아차렸다. 실제로 신에 대한 의식이 내 마음에 새겨져 있었다. 하나님이 내 존재 깊은 곳에 그분을 아는 지식을 심어 두셨다. 전능자가 내 영혼 속에 종교의 씨앗을 뿌리셨다. 그리고 내면의 음성이 이르기를 '엎드려 경배하라.'라고 하였다.

내가 유아기부터 이런 것을 알았다는 뜻은 아니다. 그 시기에 내가 아는 것이라고는 고작 해가 뜨고 진다는 것, 음식을 먹은 지 두 시간밖에 지나지 않았기 때문에 엄마에게 하던 일을 멈추고 와서 먹을 걸 주라고 요구하는 건 옳지 않다는 것 정도였다.

정상적으로 자랐다면, 그러한 것들을 다 알게 된다는 의미이다. '원인'이라는 단어를 알기 오래전에 나는 시공간 개념을 인지했다. 스푼으로 식탁을 칠 때마다 시끄러운 소리가 난다는 것을 알게 되었다. 주변 세상을 관찰하며 그것과 교류하면서, 종교의 씨앗이 내 마음속에 자랐다. 땅과 바다와 하늘이 매우 큰 반면에 나는 매우 작고 때로는 무기력하다는 사실을 배웠다.

어려움에 처할 때, 나는 시편 107편에 나오는 뱃사람들처럼(칼빈은 이들을 이교도로 보지만 그들도 기도했다), 또는 요나가 하나님으로부터 달아나려고 탔던 배의 선원들처럼 하나님께 부르짖었다. 그들은 분명 이교도들이고 타락한 자들이었지만, 그들의 유일한 소망이 그들을 생명의 위기로 몰아넣으신 하나님께 호소하는 것임을 알았다.

또한 나는 특정한 방식으로 행동해야 한다는 것을 배웠다. 나를 위해서는 물론이고 모든 사람을 위해, 어떤 것들은 옳고 어떤 것들은 그릇되었다. 그리고 나는 나의 행동에 대해 부모에게는 물론이고 그들 위에 계신 분에게도 해명해야 했다. 내가 항상 하나님을 두려워했다거나, 나쁜 짓을 하면 하나님이 나를 치실 것이므로 항상 무서워했다고는 말할 수 없다. 하지만 그분을 기쁘시게 하는 것은 중요했다.

성경이 말하는 것은 바로 이 심겨진 '신 의식'이다. 성경은 우리가 그런 의식을 지니고 있으며, 우리가 성경을 읽기 시작하기 전에도 종교의 씨앗이 경외하며 기도하는 본능의 형태로 이미 우리 마음속에 있음을 시사한다.

성경은 하나님이 우리 마음속에 이미 심어 두신 그분에 대한 지식을 결코 반박하지 않는다. 성경은 그 지식에 근거하며, 성경을 알게 되면서 나는 안셀무스가 제시한 하나님 되심의 기준을 전적으로 받아들이게 되었다. "하나님은 우리가 그보다 더 크신 분을 생각할 수 없는 분이시다."[3]

---

3) Anselm, *Proslogion*, in *Anselm of Canterbury: The Major Works*, ed. Brian Davies, G. R. Evans (New York: Oxford University Press, 1998), p. 87.

02

대안들의 파탄

하나님이 존재하신다는 것을 모든 인간이 본성적으로 알고 있다는 사도 바울의 말을 나는 흔쾌히 받아들인다. 하지만 많은 사람이 그것이 자신에게 해당한다는 사실을 힘주어 거부할 것이다. 그들은 이르기를, 자신의 마음속에는 종교의 씨앗이나 신에 대한 책임감이 전혀 없다고 한다. 그리고 "우리는 하나님이 필요하지 않으며 창조주 개념도 불필요하다. 너무나 명백한 대안들이 있다."라고 말한다.

하지만 이 대안들을 숙고해 보면 그것들은 전적으로 파탄적이다.

하나님에 대한 한 가지 매우 기본적인 정의는 그분이 우주의 존재에 대한 답을 제시하시는 분이시라는 것이다. 이 점에 대해 기독교 신앙은 확고하다. 우주는 천지를 창조하신 전능하신 하나님이 창조하신 것이다. 나는 이 사실도 어릴 적부터 믿었다. 하나님은 우주를 지으셨을 뿐만 아니라 무수한 생명체들로 우주를 채우셨다. 훗날 불가피하게 나는 세상의 존재에 대한 대안적인 설명들과 마주쳤으며, 잠시 그것들이 나를 흔들기도 했다. 그러나 내가 알게 된 사실은 첫째, 그 대안들이 너무나 제한적이라는 것이었으며, 둘째, 그것들이 너무나 설득력이 없다는 것이었다. 그것들은 여러 가지 '주의'(-ism)로 표현되지만, 결국 한 가지 기본적인 질문이 있을 뿐이다. "세상이 있기 전에 무엇이 있었는가?" 이 질문에 대해 가능한 답은 세 가지뿐이다.

첫째, 세상이 있기 전에는 아무것도 없었다. 무엇인가가 있기 전에는 아무것도 없음이 있었다. 이 아무것도 없음은 참으로 진지하게 숙고되어야 한다. 물질도, 질량도, 에너지도, 빛도, 중력도, 전자파도, 단백질도, 아미노산도 전혀 없었다. 아무것도 없음 외에는 아무것도 없었다. '무로부터는 아무것도 나오지 않는다.'(*Ex nihilo nihil fit*)라고 했던 고대인들의 말은 분명 진리다. 무엇인가를 만들 존재가 없었고, 무엇인가를 만들 재료가 없었다. 빅뱅 이론의 표현을 빌자면, 폭발할 것이 아무것도 없었고, 그 버튼을 누를 존재가 없었다. 여기에는 이해를 모색하는 생각 자체가 무의미하다.

두 번째 가능성은, 우주가 있기 전에, 심지어 빛이 있기 전에, 지성이 닿거나 지성에 의해 계획되지 않은, 비록 일련의 혼란스러운 우연들과 무수한 세월을 거치더라도 오늘날 우리가 아는 세상을 조성하는 데 필요한 모든 것을 그 자체에 담고 있는, 어떤 형태의 자존하는 물질이 있었다는 것이다. 이 이론의 가장 그럴듯한 형태에 따르면, 이 덩어리가 폭발하였고, 그 나머지는 말 그대로 역사다. 생명 없는 물질의 이유 없는 폭발에 따른 낙진이 그 기원 시점으로부터 그 쓰레기를 멀리멀리 분산시켰다. 우주 안의 모든 물체는 아무리 복잡하거나 아무리 아름다워도 이 우연의 부산물이다. 모든 생명체와 인류도 그러하다.

우리의 뇌는 그 파편 더미의 일부에 지나지 않는다. 우리의 생각과 양심과 미적 감각과 도덕적 분개심은 생화학적 산물에 불과하다. 우리의 지적 비상도 더 나을 것이 없다. 찰스 다윈(Charles Darwin)과 알베르트 아인슈타인(Albert Einstein)의 이론들, 리처드 도킨스(Richard Dawkins)의 박사 학위, 윌리엄 셰익스피어(William Shakespeare)의 희곡들, 레오나르도 다 빈치(Leonardo da Vinci)의 미술, 볼프강 아마데우스 모차르트(Wolfgang Amadeus Mozart)의 교향악들, 솔리 매클린(Sorley MacLean)의 시, 밥 딜런(Bob Dylan)의 노래들도 모두 그 파편 더미의 일부다. 우리가 그것들을 즐긴다는 사실과 우리가 그것들을 즐기는 것을 알고 있다는 사실과 우리가 그것들을 즐기는 우리 자신을 인식한다는 사실도 마찬가지이다. 우리의 모든 소망과 두려움과 사랑과 미움과 죄책감과 비통함, 그리고 우리가 이따금 천재성을 발휘하는 순간들은 우주진 역사 속의 에피소드에 지나지 않는다. 이런 대안들 속에서는 이해하려는 노력이 힘을 잃는다. 우리의 법정들과 학문들과 회랑들과 심지어 우리의 설명들도 무의해진다.

### 태초에 하나님이

그러나 세 번째 가능성이 남아 있다. "태초에 하나님이…"(창 1:1). 분명 이 문구는 인류 문헌의 가장 위대한 서두다. 이것은 무엇을 의미할까?

첫째, 태초에, 세상이 있기 전에 생명이 계셨다. 생명 그 자체는 시작이 없었다. 영원부터 살아 계신 하나님의 인격 속에 생명이 있었으며, 별들과 같은 물질로 가득할 뿐만 아니라 선인장으로부터 장미에 이르기까지 그리고 연체동물로부터 인간에 이르기까지 무수히 많은 형태의 생명체가 가득한 세상 속에 우리가 살고 있는 것도 바로 이 때문이다. 생명이 생명을 부여하셨고, 바로 이 생명은 세상을 복되게 하는 모든 에너지 체계의 근원이다. 중력, 태양 에너지, 핵에너지, 전자기 등 이 모두는 살아 계신 하나님의 영원한 능력으로부터 에너지를 얻는다.

둘째, 태초에 사랑이 계셨다. 생명과 마찬가지로 이 사랑도 결코 시작이 없었다. 사도 요한이 이르기를, 이 사랑은 하나님이시며(요일 4:8), 그분에게 결코 시작이 없으셨듯이, 사랑도 결코 시작이 없으셨다.

우리는 이렇게 질문할 수 있다. 사랑할 우주가 있기 전에 사랑이 계실 수 있었을까? 그렇다면 하나님은 천부로 묘사되기보다 '존재의 기반'이나 '초월자' 같은 추상적인 표현으로 더 잘 묘사되는 위대하고 영원하며 자족적으로 홀로 계시는 분 아닌가? 하지만 이 개념은 기독교의 삼위일체 교리를 무시하는 것이다. 성부는 성자와 성령 없이는 결코 계시지 않았으며, 그 관계는 영원부터 사랑과 나눔의 관계요 상호 간에 즐거움을 주시는 관계였다. 그들은 말씀하시고 협력하셨으며, 각 위격은 다른 위격을 기뻐하셨고, 서로를 더 크거나 작게 여기지 않으셨으며, 각 위격이 하나님의 모든 충만하심을 공유하셨다.

이 사랑 속에서 하나님은 행복하셨으며, 그분은 사랑이셨으므로 다른 존재 형태들에게 생명을 전해 주기 원하셨다. 뿐만 아니라 자신의 형상으로 지음받은 지적 존재들을 창조하기 원하셨다. 또한 하나님은 자신의 영원한 생명을 그 존재들에게 나누어 주셔서 그들이 성부와 성자와 성령의 행복을 공유할 수 있게 되기를 원하셨다. 기독교 신학 역사상 가장 힘찬 움직임이 있던 한 시기에 조나단 에드워즈(Jonathan Edwards)가 거듭 주장하기를 행복이 창조의 으뜸 목적이라고 했던 것도 바로 이 때문이다.[1] 하나님은 자신의 행복을 자신의 피조물들과 공유하심으로써 궁극적 만족을 얻으신다. 이 관점에 근거하여 우리는 태초에 행복이 계셨음을, 그리

---

1) Jonathan Edwards, *Dissertation on the End for which God created the World*, in *The Works of Jonathan Edwards*, 2 vols., vol. 1 (1834, Reprinted Edinburgh: Banner of Truth Trust, 1974), pp. 94-121.

고 그 범위를 확장하시려는 관심이 하나님의 창조 사역 (그리고 구속 사역) 이면에 놓인 가장 큰 동기였음을 알 수 있다.

셋째, 태초에 말씀, 곧 로고스(Logos)가 계셨다. 창세기 첫 장에 '하나님이 이르시되'라는 문구가 거듭 반복되는 것도 바로 이 때문이다. 하지만 이것은 하나님의 첫 말씀이 아니다. 하나님과 그분의 아들이 영원부터 서로 교류하고 계셨다. 사실 그 아들은 아버지의 완벽한 자기 표현이셨으므로 아들 자신이 하나님의 '말씀'이라 불리실 수 있다(요 1:1, 14). 이러한 표현이 우리의 이해 범위를 넘어서는 이유 중 하나는, '말씀'이라는 추상적 개념을 '아들'이라는 개념과 결부시키고 있기 때문이다. 또한 로고스가 말씀하시는 분과 말씀 모두를 가리킬 뿐 아니라 말씀되신 분을 가리킨다는 것도 부분적인 이유에 해당한다.

그러나 우리가 파악할 수 있는 것은, 세상이 있기 전에 이성과 지성이 추상적 개념으로서가 아니라 살아 계시고 자애로우신 영원한 창조주로 계셨다는 것이다. 생명이 계셨을 뿐만 아니라 그것은 지성적인 생명이셨다. 가장 숭고한 논리와 가장 특출한 상상력과 결부된 생명이셨다. 영원히 살아 계시고 자애로우신 이 지성은 우리와 세상이 존재하게 된 이유이시다. "주께서 지혜로 그들을 다 지으셨으니"(시 104:24). 살아 계시고 자애로우신 이 영원한 지성 안에, 물질 자체로는 결코 전달할 수 없는 것을 전달하는, 그리고 하나님이 택하신 형태를 물질에 부여하는 구상 능력과 전략적 통찰력이 있다.

### 그분이 말씀하시면 그 말씀이 이루어진다

이 외에도 또 다른 경이로움이 있다. 살아 계시고 자애로우신 이 지성은 자신의 의지에 효력을 부여할 다른 대리자나 도구가 필요하지 않으셨다. 이 지혜가 말씀하시고, 그분이 말씀하실 때 그분의 말씀이 전능의 권능을 지닌다. 그분이 말씀하실 때 그 말씀이 이루어진다. 이는 이 세상에 현재 형태를 부여하고 이 세상을 생명으로 가득하게 한 천체 물리학적, 지구 물리학적, 생물 물리학적 과정 이면에 있는 보이지 않는 실재이시다. 해와 달과 별들, 대양과 높은 산맥들, 벌과 버펄로, 이 모두는 하나님의 마음속에서 잉태되었고 단지 그분의 말씀으로 존재하게 되었다.

언뜻 보기에, 말씀이 그런 능력을 지녔다는 것이 이상해 보인다. 어떻게 말로써 무언가를 존재하게 할 수 있을까? 가장 평범한 차원에서, 인간의 웅변력을 생각해 볼 수 있다. 역사 전반에 걸쳐 세상의 가장 강력한 제국들의 흥망을 초래했던 능력이다. 그러나 말의 능력을 보여 주는 가장 위대한 사례는 하나님의 성육신하신 아들, 예수 그리스도의 삶과 사역에서 드러났다. 그분이 말씀하시자 바람과 바다가 순종했다(막 4:35-41). 그분이 말씀하시자 죽은 자가 살아났다(요 11:43). 그분이 말씀하시자 38년된 병자가 온전히 걸었다(요 5:8). 때로는 말씀 없이 생각만으로도 충분했다. 그분은 물을 포도주로 변화시키셨고(요 2:6-10), 오병이어로 오천 명을 먹이셨으며(요 6:5-14), 한 백부장의 종을 그 사람을 보거나 그의 이름을 묻지 않으시고도 낫게 하셨다(마 8:5-13).

**우리는 이해할 수 있는 세상에서 살고 있다**

창세기부터 계시록까지, 하나님은 자신의 생각을 말씀하심으로써 자신의 뜻이 이루어지게 하신다. 그리고 우주는 하나님의 말씀으로 만들어졌기 때문에 그것이 살아 계신 지성의 산물이라는 사실을 모든 곳에서 증언한다. 우리가 인지적으로 친근한 세상에서 살고 있다는 것을 알게 되는 것도 바로 이 때문이다.

이 세상은 이해 가능한 곳이며 탐구하는 이들에게 그 비밀을 드러내는 곳이다. 어느 곳에서나 우리는 법칙을 발견하고 질서를 발견하며, 수학적 엄밀성을 발견하고 힘들의 놀라운 균형을 발견한다. 발견할 수 없을 때에는 당황하고 찾아 나서며, 마침내 발견하면 그것을 우리의 과학 기술적 성과로 돌린다.

또한 미시적 차원에서 우리는 호흡하는 공기와 마시는 물과 앉는 의자 등이 수많은 미세한 원자로 구성되어 있고 이 원자들이 복잡하게 서로 밀고 당기지만 놀라운 엄밀함으로 그렇게 한다는 것을 배운다. 연구자들에 따르면, 원자 내에서도 중력의 법칙이 작용하며 모든 원자는 결국 한 시스템 속에서 나름대로 온전한 시스템이다. 비록 너무나 작지만, 모든 입자는 그 자체의 비밀을 간직하고 있을 뿐만 아니라 주시하고 경청할 준비를 갖춘 사람들에게 기꺼이 그것을 드러낸다.

생물권으로, 식물군과 동물군으로 눈을 돌려 보면, 우리는 너무도 다양한 생명 형태에도 불구하고 그 모두가 한 가지 공통점 DNA를 갖는다는 것을 알게 된다. DNA는 생명의 기본 구성요소를 제공하고 생명체와 생명체를 구분시킨다. 여기서도 우리는 질서와 복잡성과 무질서하지 않은 다양성을 발견하며, 기꺼이 비밀을 드러내려는 모습을 발견한다.

천체 물리학이나 핵물리학이나 미생물학의 놀라운 내용을 설명하는 것은 나의 역량을 넘어선다. 서글프게도, 그 내용을 설명할 수 있는 학자들은 그것의 기원을 무(無, nothingness)나 맹목적 우연이나 순전한 우발성으로, 또는 나름 설득력 있게 자연으로 돌린다.

하지만 어떻게 자연이 그 자체의 기원일 수 있는지 이해하기는 쉽지 않다. 찰스 다윈이 그 용어를 교묘하게 사용하기 시작한 이후로, 어머니 자연이니 자연의 여신이니 하는 것이 고대 풍요 제의의 바알과 아세라를 대체해 왔다. 현대 서구인들에게는 산들과 코뿔소들이 그들을 지으신 창조주보다 훨씬 더 흥미롭다. 하지만 우리가 아무리 자연을 어머니나 지혜로운 존재로 여긴다 해도, 자연은 동인을 지니지 않는다.

결국 존 C. 레녹스(John C. Lennox)가 지적하듯이, 자연은 '존재하는 모든 물리적인 것'을 일컫는 명칭에 지나지 않는다.[2] '존재하는 모든 물리적인 것'이 '존재하는 모든 물리적인 것'으로 인해 존재하게 되었다는 가설은 받아들이기 힘들다. 다른 모든 것이 향해야 할 곳을 모든 것이 어떻게 알았겠는가?

---

[2] John C. Lennox, *God's Undertaker: Has Science Buried God?* (Oxford: Lion, 2009), p. 28.

### 너무나 복잡한 게놈

우리는 복잡한 질서를 갖춘 세계 속에 살고 있다. 그러나 이 외에도 놀라운 점이 또 있다. 그 질서를 복사할 수 있는 종(種, species)이 존재한다는 것이다. 물론 어떤 면에서는 우리 자신도 그 질서의 일부이며, 우리의 생명은 복잡한 물리적, 화학적, 생물학적 법칙을 따른다. 그리고 이러한 생명과 법칙의 근저에는 DNA 분자, 유전자, 염색체의 놀라운 배열이 있는데, 이는 경이로운 인간 게놈(유전자의 집합체)을 형성하는 것이다.

게놈 그 자체 못지않게 놀라운 사실은, 우리가 그것을 지도화할 수 있었다는 것이다. 여기서 '우리'라는 말 속에는 자부심이 담겨 있다. '우리'가 중요하다. 게놈이 자체를 지도화하지 않았다. 우리는 항상 우리의 DNA 그 이상이며, 우리 종의 게놈을 지도화한 주체는 핵산이 아니라 사람이다.

하나님은 쓰레기 더미와 구별되는 아름답고 질서 잡힌 우주를 창조하시는 데 그치지 않으셨다. 하나님은 자신처럼 호기심과 상상력과 관찰력과 수학적 재능을 지닌 살아 있는 지성인 피조물, 곧 인간을 우주 안에 두셨다. 그래서 우리 인간은 빛과 원자와 미생물과 끝이 없는 공간으로 알려진 우주의 외곽의 신비들을 탐구하며 묘사할 수 있었다. 우주를 창조하신 일과 우주를 이해할 수 있는 피조물을 만드신 일 중에서 어느 것이 말씀이신 하나님의 더 위대한 업적인지 판단하기는 힘들다.

침팬지나 유인원과 비교할 때 우리는 비범한 존재이지만, 우리의 지식은 언제나 부분적이다. 개개인에게 이 사실은 명백한 참이다. 알 수 있는 모든 것을 알 수 있다고 하는 르네상스 교양인의 꿈은 오랫동안 부서져 왔다. 현대 미생물학자의 연구 내용을 현대 핵물리학자가 이해할 수 있으려면 그것이 쉬운 말로 다시 바뀌어야 한다. 설령 인류의 모든 지식을 총동원하더라도 우리는 여전히 신비와 직면할 것이다. 통일장 이론은 줄곧 우리를 곤혹스럽게 한다. 우리의 모든 이론에는 설명되지 않은 부분이 남아 있다. 우리가 가장 확신하는 내용들마저 항상 교정과 반박에 노출되어 있다. 아리스토텔레스(Aristoteles)와 아이작 뉴턴(Isaac Newton)에게 물어보라.

'개혁되어야 한다.'(*semper reformanda*)라는 원칙은 신학에 적용되듯이 과학에도 적용될 수 있다. 과학이 어떠한 진전을 보이려면 학술지의 조직적인 회의론으로 현대 과학과 맞서야 한다. 이러한 한계에 과학적 발견을 위해 종종 겪는 혐오스러운 관행을 덧붙일 때, 우리는 우리 종의 지적 탁월성에 놀라는 동시에 우리가 가장 위대한 과학 업적에도 부패의 낙인을 찍어 왔다는 점을 인정해야 한다는 것을 깨닫게 된다.

우리의 칼을 보습으로 만들기는커녕 우리의 가장 뛰어난 통찰력을 대량 파괴의 무기로 만들어 왔다. 그럼에도 불구하고 영원히 살아 있는 지성이신 하나님이 물리적 우주에 자신의 발자국을 남겨 두셨다는 사실에는 변함이 없다. 일례로, 살아 계신 자애로운 지성으로서의 하나님의 형상을 지닌 '인간'이라는 피조물을 지으셨다.

Faith Undaunted

03

피조물에 남아 있는
하나님의 발자국

하나님은 물리적 우주에 자신의 발자국을 분명히 남기셨지만, 그곳에만이 아니다. 그분은 인류의 이야기 속에도 그것을 남겨 두셨다. 이신론자들의 견해와 달리, 하나님은 거대한 기계를 설치하고 자체적으로 돌아가도록 방치하신 위대한 장인이 아니시다. 자신의 재배지를 경작하는 인간 소작인이 감독이나 간섭을 받지 않고 책임감도 없이 제 마음대로 운영해 나가도록 (그래서 엉망으로 만들도록) 방치하는 부재지주도 아니시다. 생명과 사랑과 **로고스**(*Logos*)이신 하나님의 본성 자체가 그분과 세상의 그런 식의 관계를 배제한다.

결국 그분이 우리를 지으신 이유는 우리를 사랑하고 우리와 동행하며 우리와 교류하시기 위함이다. 하나님의 섭리가 뜻하는 바가 바로 이것이다. 하나님은 우리를 지으셨을 뿐만 아니라 우리에게 눈을 고정하시고 우리를 보존하시며 우리를 다스리신다. 또한 이 섭리는 거시적인 면과 미시적인 면 모두에 적용된다. 그것은 태양 표면의 폭풍과 참새의 떨어짐과 백합화의 아름다움을 포함한다. 무엇보다도 하나님이 인격적이며 능동적이고 친밀하게 인류 역사에 관여하심을 포함한다.

이러한 관여는 에덴동산에서 시작되었으며, 타락으로 인해 그 관계가 심하게 훼손되었으나 거기서 끝나지 않았다. 하나님은 계속 말씀하셨다. 사실 그들의 죄에 대한 하나님의 즉각적인 반응은 하나님이 그들에게 말씀하시는 것이었다. 물론 그 어조는 변했다. 그것은 경고의 말씀이었고, 심지어 불길한 장래에 대한 말씀이었다. 그들은 땅에 저주를 야기했지만, 여전히 땅에 의존할 것이었다. 그리고 언젠가 흙으로 돌아갈 것이었다. "너는 흙이니 흙으로 돌아갈 것이니라"(창 3:19).

그러나 하나님은 여전히 그들에게 말씀하셨고, 그들을 통해 우리에게 말씀하셨으며, 그 말씀이 파멸적이며 침울한 것만은 아니었다. 그렇다. 역사가 지속되는 한 여자의 후손과 그들의 죄의 배후인 극악한 조종자 뱀의 후손 간에는 싸움이 있을 것이나, 그 싸움에서 여자의 후손이 승리할 것이고, 인류는 마침내 구속함을 받을 것이며, 그 구속을 위해 하나님이 친히 모든 책임을 떠맡으실 것이었다. 더욱이 그 위대한 사역의 처음부터 끝까지 하나님이 계속 말씀하실 것이고, 우리는 그분이 함께하심을 알 것인데, 이는 하나님이 위대한 화가처럼 자신의 사역의 숭고한 포트폴리오를 남기셨을 뿐 아니라 계속 사역하셨기 때문이다. 그 사역 과정에서 하나님은 그것을 줄곧 설명하시고 우리의 음성에 귀 기울이셨으며 또한 우리를 위해 행동하셨다.

노아의 방주부터 빈 무덤에 이르기까지, 그리고 에덴동산의 아담으로부터 밧모섬의 사도 요한에 이르기까지, 그분의 음성은 결코 잠잠하지 않았다. 그 음성은 지금도 잠잠하지 않다.

### 하나님의 대화 상대들

하나님의 창조 이후 사역의 두드러진 예는 그분이 이스라엘 민족의 역사에 개입하신 것이다. 그들은 하나님의 존재를 어떻게 알았을까? 그들이 안셀무스(Anselmus)와 아퀴나스(Thomas Aquinas)에 정통하고 유신론적 증거에 친숙했기 때문일까? 분명 그렇지 않다!

그들이 안 이유는 하나님이 그들에게 말씀하셨고 계속 말씀하셨기 때문이다. 그들이 안 이유는 하나님이 자신의 약속을 줄곧 성취하셨고 경고를 줄곧 실행하셨기 때문이다. 사실 그들의 역사의 핵심 인물들은 하나님의 친밀한 대화 상대였다.

아브라함이 하나님이 계심을 안 것은 하나님이 직접, 그리고 인격적으로 그를 부르셨기 때문이다. 하나님은 그를 부르셨을 뿐만 아니라 그에게 위대한 약속을 하셨다. 그의 후손이 하늘의 별처럼 많아질 것이었다. 그들은 땅을 유업으로 받을 것이었다. 그들은 만민에게 축복이 될 것이었다. 아브라함을 포함하여 사람의 귀에는 이 약속이 우스웠다. 아브라함의 아내 사라는 폐경기가 훨씬 지난 나이였고, 아브라함 자신도 백 세였다. 하지만 그들은 갈등을 겪은 후 하나님의 말씀을 받아들였고, 하나님은 그 약속을 지키셨다.

이후 2천 년에 걸쳐 하나님은 이 무자한 노인 부부의 수많은 후손들과 특이한 관계를 유지하셨다. 좀 더 구어체적으로 말하자면, 하나님은 그들과 연락을 유지하셨고, 그들을 통하여 인류 전체와 연락을 유지하셨으며, 그들 또는 우리가 결코 자신을 잊지 않게 하셨다.

이는 특별히 세 가지를 뜻했다. 첫째, 하나님은 그들의 매일의 삶 속에 불가피하게 임재하셨다. 둘째, 하나님은 일련의 강력한 행동을 통해 때로는 구원으로 때로는 징벌로 그들의 역사에 거듭 개입하셨다. 셋째, 하나님은 그들 가운데서 위대한 선지자들을 택하여 자신의 메시지를 인류에게 전하게 하셨다.

하나님과 고대 이스라엘의 관계의 역사에서 핵심적인 시점은 출애굽이었다. 그것은 그 민족사의 기초를 놓은 사건이었다. 여러 세기 동안 애굽에서 종살이하면서 엄청난 수로 늘어난 아브라함 일가는 대량 학살을 자행하는 폭압 정권 아래에서 신음하고 있었다. 하나님이 들으시고 강림하셨다(출 3:7-8).

하나님이 강림하셨다는 표현은 출애굽기 기자가 하나님이 수천 피트 상공에 거하신다는 개념을 묘사한 것이 아니다. 그러한 공간적 은유는 하나님이 능력과 지식과 지혜와 거룩하심과 순전한 영광에서 우리를 훨씬 초월하신다는 사실을 강조하기 위해 성경 전반에 걸쳐 사용된다. 하나님은 우리의 조종 능력을 훨씬 초월하시며, 그분의 영광은 인간의 말이나 개념으로 파악할 수 있는 역량을 훨씬 넘어선다. 그분은 높이 들린 보좌에 계신다(사 6:1). 시공간의 창조주로서 시공간에 얽매이지 않으신다. 그러나 동시에 하나님의 귀는 땅에 맞춰져 있고 눈은 자신의 피조 세계에서 전개되는 일들을 부단히 주시하신다.

하나님은 이스라엘 백성의 곤경을 보셨다. 그들의 부르짖음을 들으셨다. 강림하여 행동하셨다. 지도자 모세를 일으키셨다. 홍해를 가르셨다. 그분의 백성을 인도하여 광야를 지나게 하셨다. 이 이야기는 출애굽기와 민수기와 신명기에 나온다. 그것은 민족 설화가 아니라 사실적인 역사이며, 구원할 대상으로 묘사되는 민족을 돋보이게 하는 데에는 전혀 관심이 없다. 그것은 TV 다큐드라마처럼 단순히 실제 사건들에 영감을 받은 것이 아니다. 그것은 사건들 자체에 대한 실록으로, 이 사건들은 그 민족의 신앙을 뒷받침하고 설명하는 것이다. 그들이 하나님을 믿었던 이유는 그분이 행하시는 것을 보았기 때문이다.

그리스도인 공동체, 곧 택하신 족속인(벧전 2:9) 우리도 아브라함의 자손임을 고려할 때, 우리는 출애굽과 뒤이은 사건들을 우리 족속의 역사에 있어 핵심적인 순간들로 받아들여야 한다. 우리가 이스라엘의 하나님 여호와를 믿는 것은 철학적 논거에 근거하는 것이 아니라 그분이 우리의 선조인 아브라함과 이삭과 야곱을 위해 행하신 일 때문이다.

### 개인들과의 약속

이스라엘의 출애굽은 하나님과 인간의 교류를 보여 주는 구약의 가장 중요한 순간으로 두드러지지만, 그것이 유일한 것은 아니다. 하나님은 그분의 백성이 아람, 앗수르, 바벨론과 같은 열강들의 적대 정책에 직면했을 때 단호하게 개입하셨다. 사실 구약성경 전체는 하나님이 천지를 만드신 전능하신 창조주시라는 사실과 그분이 자신이 지으신 세상에 이따금 개입하신다는 사실만이 아니라 세계사의 거대한 흐름과 개인들의 삶에까지 부단히 관여하시며 사람들이 그분의 임재를 느끼게 하신다는 사실도 상기시킨다.

다행히 우리에게는 구약의 핵심 인물들의 삶에 하나님이 개입하신 이야기들을 상세히 알려 주는 기록이 있다. 모세와 다윗과 엘리야와 엘리사와 이사야와 예레미야와 에스겔 등이 중요한 예다. 이들은 모두 강한 믿음의 사람들이었지만, 이 믿음이 단지 천부적으로 새겨진 신에 대한 의식의 결과이거나 우주의 일관성과 인간 정신의 구조에 근거한 논리적 추론의 결과가 아니라는 점을 알아야 한다. 그들이 믿었던 이유는 그들의 삶 속에서 하나님이 행하신 일 때문이었다. 하나님은 그들의 삶 속에서 행하신 일을 그리스도인 공동체의 구성원인 우리의 삶 가운데서도 행하신다. 우리는 하나님과 우리 공동체의 잊을 수 없는 교류의 수많은 기억을 지니고 있다.

### 친밀한 대화들

매우 자주, 이 교류들은 신탁을 통해 이루어진다. 하나님이 시내산 같은 장소나 쉐키나(shekinah)의 영광 중에 말씀하신다. 그런가 하면 구약의 어떤 핵심 인물들은 하나님과 더불어 친밀하게 대화하는 특권을 누린다. 너무나 친밀한 대화여서 때로는 하나님이 그들과 동등한 위치에서 말씀하시는 것처럼 보인다.

예컨대 우리는 모세에게서 그런 상황을 볼 수 있다. 하나님이 모세를 부르실 때 모세는 마음이 불편하여 일련의 거부적인 태도를 보인다. "내가 누구이기에 바로에게 가며 이스라엘 자손을 애굽에서 인도하여 내리이까"(출 3:11). "그의 이름이 무엇이냐 하리니 내가 무엇이라고 그들에게 말하리이까"(출 3:13). "그들이 나를 믿지 아니하며 내 말을 듣지 아니하고 이르기를 여호와께서 네게 나타나지 아니하셨다 하리이다"(출 4:1). "나는 본래 말을 잘하지 못하는 자니이다 주께서 주의 종에게 명령하신 후에도 역시 그러하니 나는 입이 뻣뻣하고 혀가 둔한 자니이다"(출 4:10). 이 모든 과정에서 하나님은 마지못해하는 선지자와 더불어 인내로 대화하신다.

예레미야의 소명 기사에서도 우리는 같은 모습을 발견한다. 그는 자신을 선지자로 지명하시는 말씀을 들었을 때 모세와 같은 반응을 보인다. "주 여호와여 보소서 나는 아이라 말할 줄을 알지 못하나이다"(렘 1:6). 그러자 하나님은 인내로 대답하신다. "너는 아이라 말하지 말고 내가 너를 누구에게 보내든지 너는 가며 내가 네게 무엇을 명령하든지 너는 말할지니라"(렘 1:7).

히스기야왕의 질병과 관련하여 하나님과 이사야와 히스기야 간에 오간 대화는 훨씬 더 주목할 만하다(왕하 20:1-6; 사 38:1 이하). 먼저 선지자는 "너는 집을 정리하라 네가 죽고 살지 못하리라"(왕하 20:1)라는 메시지를 가지고 보내심을 받는다. 겉으로 보기에 그것은 끝난 일처럼 보이지만, 왕은 하나님과의 대화를 시도하며 자신이 하나님 앞에서 신실하게 행하였음을, 그리고 하나님 보시기에 선한 일을 행하였음을 아뢴다.

그러자 하나님은 이사야를 보내어 또 다른 메시지를 전하게 하신다. "내가 네 기도를 들었고 네 눈물을 보았노라 내가 너를 낫게 하리니 네가 삼 일 만에 여호와의 성전에 올라가겠고 내가 네 날에 십오 년을 더할 것이며"(왕하 20:5-6). 겉으로 보기에 이는 하나님의 놀라운 방향 전환이지만, 더 자세히 살펴보면 그것은 왕의 입에서 나오는 말에 귀를 기울이시며 왕의 소원을 결국 성취하시려는 진정한 대화 상대로서 준비를 갖추신 하나님의 계시이다.

우리는 그 왕의 반응을 유발한 것이 하나님의 말씀이었다는 점을 기억해야 하지만, 핵심은 이 대화를 위해 하나님이 자신의 처음 선언은 잠정적인 것이라는 입장, 그 선언을 놓고 대화의 길을 열어 놓는 입장을 취하신다는 것이다.

하지만 다른 무엇보다 두드러지는 대화는 요나서 4장 1-11절에 수록된 하나님과 요나의 대화이다. 요나는 니느웨의 파멸을 선언하기 위해 보내심을 받았으나 이후 하나님이 그 도시의 회개로 인해 마음을 바꾸시자 화를 낸다. 결국 니느웨는 파괴되지 않을 것이다. 이는 그 도시에 너무나 좋은 일이었으며 은혜롭고 자비로우신 하나님의 성품에도 온전히 부합했지만(욘 4:2), 요나의 관점에서는 자신이 완전히 바보처럼 되었기에 삶의 의욕을 잃어버렸고, 그래서 자신을 위해 지은 초막의 그늘에서 침울하게 지내고 있었다. 하지만 그 초막은 그다지 효력이 없었고, 하나님이 큰 박 넝쿨로 자상하게 덮어 주셨다.

그런데 그 박 넝쿨이 시들어 죽자 요나는 마음이 더욱 산란해지고 더 화가 났다. 그러자 하나님은 다시 말씀하시며, 이번에는 요나의 모순됨에 초점을 맞추신다. 요나는 박 넝쿨이 시들어서 화를 내고, 큰 인구를 지닌 니느웨가 멸망하지 않아서 화를 낸다.

대화를 위하여 창조주와 피조물의 관계가 뒤바뀌었다. 하나님은 요나에게 자신을 변호하셔야 한다. 하지만 여기서 정말 놀라운 사실은 하나님과 선지자가 같은 시공간을 공유하고 있다는 것이며, 또한 '대화를 위하여' 하나님이 요나보다 더 많이 알지 않으시는 듯한 태도를 보이신다는 것이다. 마치 그 도시가 회개할 거라고는 하나님도 요나도 예상하지 못했던 것처럼 보인다.

그 기사를 '원시적'이라고 일축하기 전에, 우리는 예수님의 사역에 대한 요한의 기사에서 유사한 내용을 볼 수 있음을 상기해야 한다. 허기진 5천 명에게 음식이 필요한 상황에서 주님은 제자들에게 조언을 구하시지만, 요한복음은 예수님이 자신이 하실 일을 이미 알고 계셨음을 알려 준다(요 6:6). 그럼에도 예수님은 제자들에게 물으심으로써 대화가 이루어졌고, 무리 중에 오병이어를 지닌 아이가 있음을 아시게 되어, 결국 '이 정보에 따라' 무리를 먹이신다.

### 주님이 내게 말씀하셨음을 그들이 결코 믿지 아니하리이다

하나님과의 대화에서 모세가 항의한 말들 중 하나는, "그들이 나를 믿지 아니하며 내 말을 듣지 아니하고"(출 4:1)이다. 동일한 회의론이 오늘날 우리 중에도 여전히 만연해 있다. 하늘과 땅 사이에 그러한 대화가 이뤄졌다는 사실을 어떻게 확신할 수 있을까?

그러나 모세와 이사야와 히스기야와 예레미야와 요나는 확신했다. 그들이 확신한 것은 그들이 보고 들었던 것 때문만이 아니라 뒤이어 일어난 일들 때문이기도 했다. 각각의 대화에서 약속이 주어졌고, 그 약속들이 지켜졌다. 여호와께서 이스라엘을 애굽으로부터 구원하셨다. 히스기야가 치유되었다. 예레미야에게 주어졌던 많은 경고가 그대로 실현되었다. 물론 그런 사람들의 경우에 하나님이 '처음부터' 개입하신 것은 아니며, 그들의 믿음이 그러한 대화에서 비롯된 것도 아니었다. 하지만 그들에게 그리고 그들과 더불어 말씀하시는 하나님을 경험함으로써 그들의 믿음이 확립되었고 더 깊은 깨달음으로 진전되었다.

이러한 확립은 그들에게서 끝나지 않았다. 우리는 "옛적에 선지자들을 통하여 여러 부분과 여러 모양으로 우리 조상들에게 말씀하신 하나님이 이 모든 날 마지막에는 아들을 통하여 우리에게 말씀하셨으니"라고 한 히브리서 1장 1절의 말씀을 믿기 때문에 그러한 확립을 공유한다. 그들은 우리 조상이며 우리 기독교 역사의 일부다. 구약의 신현이나 부활하신 예수님이 나타나신 것과 함께, 그들은 하나님이 우리를 에덴동산에서 내쫓으신 후에도 여전히 우리와 교류하신다는 것을 상기시켜 준다.

하지만 그 대화들은 오래전에 일어난 과거의 일 아닌가? 하나님은 더 이상 우리와 교류하지 않으시는 것 아닌가? 그리스도인들은 그렇지 않다는 것을 알고 있다. 하나님은 선지자들과 사도들을 통해 여전히 우리에게 말씀하시며, 생기 넘치는 그들의 말은 교회의 가장 값진 재산이다.

그러나 이것이 전부가 아니다. 매일의 기도를 통해 우리는 여전히 하나님과 대화하며 그분은 여전히 응답하신다. 물론 그 응답들이 요나의 경우처럼 항상 선명한 것은 아니며, 하나님이 가까이 계시다는 것이 언제든 달려오신다거나 항상 우리가 바라는 대로 행하신다는 것을 뜻하진 않는다. 기도는 아마존에 주문을 넣고 다음날에 등기 우편으로 상품을 받는 것 같은 것이 아니다.

하지만 우리가 두려움을 고하고 두려워하는 일이 우리에게 일어나지 않게 해 주시기를 기도할 때 하나님은 그 기도를 들으시며, 우리가 도무지 이루어질 수 없을 정도로 좋아 보이는 일을 놓고 기도할 때 하나님은 바로 그러한 결과가 이루어지게 하신다(엡 3:20).

그리스도인의 모든 삶은 기억할 만한 기도 응답들로 이루어진다. 하나님은 은혜를 베푸셔서 우리의 심신이 허물어지지 않도록 지키신다(히 4:16). 우리로 하여금 허우적거리는 이들을 돕기 바라신다. 맡은 임무와 유혹과 고통에 대처하도록 우리를 준비시키신다. 하나님은 우리의 슬픔을 가라앉히시고, 우리의 상처가 낫게 하시며, 우리의 두려움을 몰아내신다. 우리가 약할 때 하나님이 우리를 강하게 하신다.

우리가 '서툴고 어눌하며 더듬는 혀'로 설교할 때에도 우리의 말은 하나님의 구원의 능력이 된다. 참담한 역경을 극복하는 평범한 남녀들을 보아 온 기독교 목회자들은 이사야의 위대한 약속이 2천 년 전과 마찬가지로 오늘날에도 확실하다는 것을 모두 알고 있다. 여호와를 앙망하는 자는 여전히 새 힘을 얻고, 독수리가 날개 치며 올라감 같고, 달음박질하여도 곤비하지 아니하며, 걸어가도 피곤하지 않다(사 40:31).

믿음의 대상이신 하나님께 기도할 때 그분은 여전히 듣고 응답하신다는 사실에서 믿음은 확신과 깨달음을 얻게 된다.

# 04

## 예수,
## 우리 가운데 계시는
## 하나님

처음부터 하나님은 능동적으로 인류와 교류하셨지만, 한순간에 이 교류가 절정에 달한다. 예수 그리스도 안에서 하나님은 우리의 성품을 취하셨고 타락한 인류 역사에 직접 들어오셨으며, 온전히 그리고 진정으로 사람이지만 신성의 영광을 비추는 삶을 사셨다.

현재 우리는 그분의 사람 되심을 당연시할 수 있다. 예수님은 배고픔과 갈증과 피곤함을 아셨다. 그분은 우셨다. 그분은 제자들의 발을 씻기셨고, 그분의 상처 난 옆구리에서는 사람의 피와 사람의 체액이 쏟아졌다. 그 어떤 사람에게도 신성을 부여하는 것을 두려워했을 유대인인 사도 요한은 이 모든 것을 직접 보았다. 그리고 비록 유대인이었지만, 그는 그리스도 안에서 신성의 영광을 분명히 보았다(요 1:14).

이 '사람'은 시간이 시작되었을 때 이미 존재하셨고 세상이 존재하게 하셨으며 세상 속에서 살아가는 모든 것이 존재하게 하신 영원한 말씀이셨다(요 1:1-3). 이제 그분이 육신이 되셨고(요 1:14), 자신을 인성과 연합시키셔서 그분 안에서 하나님이 우리 가운데 거하셨으며 우리에게 보이시고 들리시고 우리와 대화하셨으며 우리와 함께 다니시고 함께 잡수셨다. 그분이 이 모든 인간의 평범한 일들을 행하셨지만, 요한은 그분의 삶을 통해 빛나는 비길 데 없고 하나님 같고 신성한 영광을 보았다.

하지만 그러한 믿음이 그 자체를 설명할 수 있을까? 설명할 수 있다. 그리고 그 설명은 예수 그리스도에 대한 가장 명백한 한 가지 사실에 초점을 맞춤으로써 시작된다.

그분은 전적으로 유일무이하셨다. 이는 단지 그분을 따르는 자들을 통해 그려진 초상이 유일무이함을 뜻하는 것이 아니다. 그분 자신이 유일무이하지 않으셨다면 그러한 초상이 결코 주어질 수 없었을 거라는 사실도 뜻한다. 단순한 진화가 결코 그분을 만들어 낼 수 없었을 것이며, 인간의 유전자 풀도 그리할 수 없었을 것이다. 그분을 빅뱅의 낙진에 지나지 않는 걸로 상상하기는 힘들다. 그분이 우리와 연합하시고 우리 중의 하나가 되시지만, 그분의 기원은 '여기'가 아니다. 그분은 외부에 계시며, 초자연적 기운에 둘러싸여 계신다. 그분은 인간의 잠재력을 초월한 능력과 특질과 특징을 지니고 계시며, 그것들을 지니고 행하심으로써 시공간 이면에 보이지 않고 영원하며 전능하신 실재의 또 다른 질서가 있다는 산 증거가 되신다.

우리는 그분에게서 그보다 더 큰 존재를 상상할 수 없는 분을 본다. 다른 어떤 사람도 그분과 비교될 수 없다. 가장 큰 신학적 상상력으로도 그분을 능가하는 존재를 생각해 낼 수 없다. 우리가 그분을 볼 때, 우리의 마음은 다른 그 무엇으로도 만족할 수 없고 더 이상 바랄 수도 없는 분이심을 고백하게 된다. 그래서 우리는 예전에 의심했던 사도 도마의 "나의 주님이시요 나의 하나님이시니이다."라는 감탄어린 고백을 기꺼이 받아들인다(요 20:28).

### 기이한 권능

그토록 안도감을 주는 강력한, 역사적 그리스도의 특질은 무엇인가?

첫째는 그분의 기이한 권능이다. 물론 그분이 처음 또는 마지막으로 이적을 행하신 분은 아니다. 모세는 자신의 지팡이를 내밀기만 하는 것으로 홍해를 갈랐다. 엘리야는 한 미망인의 죽은 아들을 다시 살렸다. 베드로와 요한과 바울도 수많은 표적과 기사를 행했다. 하지만 선지자들과 사도들이 그런 능력을 지녔다는 사실도 예수님의 유일무이성에 전혀 위협이 되지 않는다.

사실 어떤 면에서 그들의 능력은 예수님의 권능과 마찬가지로 자연계의 모든 힘을 복종하도록 명할 수 있는 또 다른 질서가 자연 너머와 그 위에 있다고 하는 기본적인 진리를 뒷받침한다. 이 관점에서 볼 때, 모세와 엘리야와 예수님과 사도들은 공통의 사역을 행한다. 예수님의 선지자적 메시지와 구약 시대에 활동했던 하나님의 대변자들의 메시지 사이에 연속성이 있듯이, 예수님의 이적은 모세나 엘리야 같은 사람들의 이적과 완전한 조화를 이루었다. 함께 놓고 볼 때, 그것들은 "태초에 하나님이…"라는 기본 전제와 완전한 조화를 이루는 것이었다. 우주를 창조하신 권능은 물을 포도주로 변화시키는 데 아무런 어려움이 없었을 것이다(요 2:5-11).

하지만 예수님의 메시지가 하나님의 본성과 목적들에 대해 새롭고도 혁신적인 조명을 비추는 것처럼, 그분의 이적들도 그 자체의 영광을 지녔다. 그것들을 사도들을 통해 행해진 이적들과 비교해 보면 차이점이 가장 분명하게 드러난다. 사도들도 병든 자를 고치고 심지어 죽은 자를 살렸지만, 그들은 그분의 이름으로 그리하였다.

예컨대 모세는 하나님의 지시에 따라서만 행동했던 반면에, 예수님은 자신이 주도적으로 행하셨다. 창세기에서 하나님이 말씀하시면 그대로 되었듯이, 예수님이 말씀하시면 그대로 이루어졌다. 디베랴 바다의 폭풍

이 잔잔해지고, 죽은 나사로가 걸어 나오고, 저는 자가 걸으며, 듣지 못하는 자가 듣고, 눈먼 자가 본다. 이것은 가끔 드물게 일어나는 일이 아니다. 즉각적이고 별 노력 없이 매일 일어난 일들이다. 깊은 인상을 남기기 위해 마술사들이 사용하는 속임수처럼 계획된 기사들이 아니다. 그 이적들은 하나님의 사랑과 긍휼의 성육신이신 분의 특성에 걸맞은 자애로운 행동들이다. 동시에 그것들은 자체의 뜻대로 자연계를 변화시킬 수 있는 비가시적 질서를 반영한다.

이렇게 말할 때, '질서'라는 표현은 적절하지 않을 수 있다. 여기서 말하는 진리는 지극히 인격적이기 때문이다. 그 비가시적 질서란 바로 영원히 살아 계신, 그리고 우주를 탄생시키셨으나 결코 그것에 대한 통제를 포기하지 않으시는 자애로우신 지성인 하나님이시다. 예수님은 단지 하나님을 대변하시는 분으로서만이 아니라 종의 형체를 지니셨으나 하나님이신 분으로 행하신다. 놀라움을 불러일으키는 것은 그분의 행동만이 아니다. 그 자신이 놀라움을 유발하신다. "이이가 어떠한 사람이기에 바람과 바다도 순종하는가"(마 8:27). 시편 107편 23-30절에는 바다의 폭풍에 대한 기사가 나온다. 갈피를 잡지 못하고 혼비백산한 선원들이 하나님께 부르짖고, 하나님은 그들의 부르짖음을 들으셔서 폭풍을 가라앉히시며 바다의 풍랑을 잔잔하게 하신다.

광풍을 고요하게 하사 물결도 잔잔하게 하시는도다(시 107:29).

우리가 예수 그리스도 안에서 만나는 분이 바로 이 사람, 이 하나님이시다. 질병과 죽음과 귀신들과 깊은 바다가 그분의 명령에 복종한다. 역사의 페이지에 기록된 그것들의 순종은 자연이 스스로 유래되었거나 스스로 통제하는 것이 아님을 분명히 상기시킨다.

나의 존재를 세워 주는 것이 철학이 아니라 역사이듯이, 하나님의 위대한 증언도 철학이 아니라 역사다. 그러므로 우리 자녀의 믿음을 세우는 방법도 소위 유신론적 증거들을 소개하는 것이 아니라, 시편 기자가 우리에게 상기시키듯이, 여호와의 영화로운 행위들과 그분이 행하신 기사들에 대해 우리 부모에게서 우리 자신이 들었던 이야기를 자녀들에게 말해 주는 것이다(시 78:3-4). 신이 계시다는 증거는 철학적으로 유식한 자들만 가까이할 수 있는 이해하기 힘든 논거에 있지 않고 이 영화로운 행위들에 있다.

### 거룩하심과 순전하심

그러나 예수님은 권능에서만 유일무이하신 것이 아니었다. 삶의 거룩하심과 순전성에서도 유일무이하셨다. 빌라도는 그분에게서 흠을 찾을 수 없었으며(요 18:38), 이후의 비평가들도 마찬가지였다. 사실 그분이 판단받으시는 것은 오직 그분 자신이 설정하신 기준을 통해서였고, 그런 경우에도 그분을 더 나아지게 할 수 있는 어떤 방법을 제시할 수 있는 사람은 아무도 없었다.

이 사실을 더욱 두드러지게 하는 것은 그분이 사람들에게 훤히 노출된 가운데서, 인간의 삶의 모든 분주함 가운데서 사셨다는 것이다. 세례 요한은 고적한 광야의 삶을 택하였고, 후에 예수님을 따랐던 자들 중 어떤 이들도 격리된 수도원 생활 속에서 오염과 유혹으로부터 벗어난 삶을 추구했다. 그러나 예수님은 멸시받는 마을인 나사렛에서 자라셨고 삶의 핵심적인 기간을 동향민인 갈릴리인들이 지켜보는 가운데 그리고 예루살렘의 죄와 한숨과 슬픔 가운데서 보내셨다. 그분은 권력의 위엄과 잔인함을 보셨고, 가난의 압박을 아셨다. 그분은 찬사와 명성의 매력적인 위험을 견디셨고, 고문과 죽음에 직면하셨다.

하지만 그분은 지름길을 취하지 않으시고, 타협하지 않으시며, 보복을 도모하지 않으시고, 너무 바빠서 돕지 못한다는 말씀을 결코 하지 않으신다. 그분은 그 어떤 사람도 두려워하지 않으시고, 아무도 편파적으로 대하지 않으신다. 그분 자신이 하신 말씀은 오늘날까지도 유효하다. "너희 중에 누가 나를 죄로 책잡겠느냐"(요 8:46).

역사상 그런 분은 없었다. 그분은 인간의 이기심과 야심과 세상적인 집착을 파하신다. 그분은 친구와 대적의 시험을 받으시고 위협과 함정에 에워싸이시고, 도발과 배신을 견디시며 협잡과 위선에 직면하시지만, 어떤 죄도 용납하지 않으시고 어떤 죄인도 억압하지 않으시며 어떤 곤궁함도 외면하지 않으신다.

이 모든 것은 '그리스도의 무죄하심'이라는 말로 요약될 수 있다. 이 표현은 한편으로 옳다. 하지만 그것은 소극적인 것으로 '…하지 않다.'라는 것만을 알려 준다. 그렇다면 적극적인 것은 무엇인가? 예수님의 도덕적, 영적 삶의 두드러지는 특징은 무엇인가?

첫째, 하나님 사랑이다. 이 점을 구체적으로 밝히는 것이 중요하다. 모호하고 불분명하며 자기중심적인 사랑은 우리 시대의 요란한 구호이며, 그 자체로 거의 신격화되어 있다. 하지만 예수님을 유일무이하게 만드는 것은 단지 그분이 사랑하셨다는 사실이 아니다.

타락한 인간도 사랑할 수 있다. 남자가 여자를 사랑하거나 자기 가족을 사랑하거나 자신의 조국을 사랑하거나 동료 종교인들을 사랑하거나 자신의 이데올로기나 정치적 계획을 공유하는 자들을 사랑할 수 있다. 그러나 그런 사랑의 이름으로 얼마나 많은 악이 자행되어 왔는가! 그 사랑은 미혹과 탐욕의 가리개 역할을 하고, 부패와 살인적인 시기심을 북돋우고, 가족들을 파괴하고, 대량 학살을 조장하고, 흉악한 악행을 용인하며, 종교적 핍박의 횃불을 켰다.

하지만 예수님의 사랑은 다른 무엇보다도 하나님 사랑이었다. 그분은 가장 깊은 경외심과 가장 편안한 친밀함으로 하나님을 한결같이 사랑하셨다. 그분은 하나님을 자신의 아버지로, 자신을 그분의 유일한 아들로 보시는 동시에 그분을 자신의 의로우신 아버지로, 자신의 거룩하신 아버지로도 보셨다. 따라서 사랑은 순종을 뜻했다. 그분은 하나님의 뜻을 행하기를 사랑하셨고, 자신의 사역에 따른 모든 권능의 행위로 하나님께 영광을 돌리셨고, 하나님이 말씀하게 하신 대로 말씀하셨으며, 심지어 신체적, 영적 고통이 수반됨을 아셨음에도 불구하고, 아버지께서 주신 십자가의 잔을 기꺼이 받아들이셨다. 그것은 전적인 헌신이요, 온전히 하나님을 기쁘시게 하기 위해 드려진 삶이요, 하나님께 기쁨을 드리기 위한 삶이었다.

물론 예수님만 하나님을 사랑하신 것은 아니다. 구약의 성도들도 하나님을 사랑했다(시 116:1). 사도들도 하나님을 사랑했다. 모든 그리스도인도 하나님을 사랑한다. 하지만 이 모든 경우에는 사랑이 불안하게 흔들린다. 불순종과 불충의 순간들이 있고 한탄과 항변의 순간들이 있다. 모세와 다윗과 베드로의 삶이 이 사실을 분명하게 보여 주며, 이후의 기독교 성도들의 전기들이 이 점을 더욱 분명하게 보여 준다.

아우구스티누스(Aurelius Augustinus)와 마르틴 루터(Martin Luther)와 존 칼빈(John Calvin)의 삶에는 수치스러운 순간들이 있지만, 예수님의 삶에는 그런 것이 전혀 없다. 이에 대한 유일한 설명은, 그분이 혈과 육으로 우리 가운데 거하셨음에도 불구하고 그분의 뿌리가 다른 곳에 있었다는 것이다. 그분의 이적들과 마찬가지로 그분의 성품도 초자연적이며, 그 자체가 우리가 보고 만지고 듣는 세상, 엄격한 물리적, 생물학적 법칙의 세상이 전부가 아니라는 사실에 대한 증거이다. 또 다른 질서 또는 인격이 존재하시며, 그 신성이 인간의 형체로 우리에게 오셔서 거룩하고 무흠하며 순전한 존재로 우리 가운데 거하셨다.

예수님의 도덕적, 영적 삶의 두 번째 두드러진 특징은 긍휼이다. 그분은 가족과 친구와 대적, 유대인과 이방인과 사마리아인, 종교 지도자들과 종교적으로 추방당한 자들, 저항 투사들과 세리들과 점령군 병사들,

거지들과 나병 환자들과 정신병자들, 정치인들과 학자들, 부도덕한 자들과 자기 의에 빠진 자들을 포함하여 모든 형태와 모든 유형의 이웃을 사랑하셨다.

그분은 결코 당황하지 않으신다. 어떤 죄도 용납하지 않으시고 어떤 곤궁함도 외면하지 않으신다. 자신의 고통을 경감하기 위해 특별한 권능을 사용하게 하는 유혹은 거부하시지만, 다른 사람들의 고통을 경감하기 위해서는 거리낌 없이 그것을 사용하신다. 그분은 병든 자를 고치시고, 주린 자를 먹이시고, 죽은 자를 살려 내시고, 아울러 당시의 문화적 우선순위에 담대히 도전하며 그 가치를 뒤엎는 설교 사역을 부단히 행하신다. 그분은 부의 위험을 경고하시고 가난한 자들에게 축복을 선언하신다. 그분은 우리를 사랑하는 자들은 물론이고 우리를 미워하는 자들도 사랑하라고 요구하신다. 그분은 온유함을 높이시고 탁월해지려는 열망을 정죄하신다. 그분은 남녀 관계를 지배했던 사회 관습을 무시하신다. 배척당하는 자들을 옹호하시고 궁지에 몰린 자들을 성급히 판단하는 자들의 위선을 질책하신다. 그분은 미망인과 과부를 착취하는 자들과 예전의 종교적 헌신에 근거하여 자신의 비인간적 행위를 변명하는 자들과 하나님의 간명한 십계명에 수백 가지 금기 사항들을 덧붙여서 종교적 기쁨을 추구하는 자들, 그리고 손쉬운 이혼을 조장함으로써 결혼과 가족생활을 불안정하게 만드는 자들을 질타하신다.

이 모든 일은 엄청난 개인적 대가를 수반했다. 매일같이 예수님은 무리를 가르치는 데 (방송 설비도 없이) 긴 시간을 할애하셔야 했으며 종종 엄청나게 많은 회중에게 말씀을 전하셨다. 군중이 밀려들었고, 끊임없이 도움을 요청하였으며, 힘 있는 대적들이 질문 공세를 퍼붓고 함정에 빠트리려 하였다. 난처한 찬사와 경멸적인 배척이 그분을 괴롭혔다. 아낌없이 자신을 내어 주셨기에 사생활이나 휴식을 취하실 기회가 거의 없었다. 자신의 것이라고 말씀하실 만한 시간이나 장소가 없었다. 그분이 한적하게 물러나려 하실 때면 무리가 찾아 따라온다. 그분은 자신을 필요로 할 때마다 가서 도와주신다.

그분을 움직이게 하는 동기들 자체가 유일무이하다. 그분은 수백만 명의 지지를 받는 명분을 활용했던 간디(Mahatma Gandhi)나 당선 확정과 영향력을 얻기 위해서라면 무엇이든 행하는 정치인 같지 않으시다. 그분이 도우셨던 나병 환자들과 저는 자들과 거지들은 그분에게 보답할 위치에 있지 않았으며, 그분의 명분을 뒷받침할 수 있는 위치에는 더더욱 있지 않았다. 예외적인 한두 사람(예컨대 막달라 마리아) 외에는 그분의 도움을 받았던 자들 모두 이야기에서 사라졌으며 그분에게 아무것도 보답하지 않았다. 그분은 단지 긍휼에 이끌려 도움 자체를 위해 도우신다. 처형당하실 때에도 그분을 향한 뜨거운 동정심이 일어나지 않았다.

사랑을 노래하는 바울의 위대한 찬양(고전 13장)에 대해 오늘날 지구상의 모든 이데올로기가 찬사를 보내며, 바울의 신학을 거부하는 자들마저 그것을 나침반으로 삼음을 기꺼이 고백한다. 사실상 그러한 삶을 사신 분은 오직 한 분 예수 그리스도뿐이시다. 그분이 그런 삶을 사셨다는 사실은 그분이 단순한 인간이 아니며 단순히 흙으로 지음받은 존재가 아님을 알려 주는 또 다른 증거이다. 오직 그분만이 시기와 자랑과 거만과 무례함에 오염되지 않으셨다. 자신의 방식을 고집하지 않고 언제나 다른 사람의 유익에 우선순위를 두신 이는 그분뿐이시다. 모든 것을 참고 모든 것을 믿고 모든 것을 바라며 모든 것을 견뎠다고 표현될 수 있는 이는 그분뿐이시다.

우리는 이 사실의 의의를 이해해야 한다. 이는 그리스도의 유일무이성이 근본적이기는 하지만 단지 그분의 신적 정체성에만 기인하지 않음을 뜻한다. 그분은 사람으로서도 유일무이하시다. 그분은 우리가 인간으로서 불가피하게 지닌 모든 결함으로부터 자유로우시다. 그분은 인간 역사상 유래가 없는 차원의 박애를 보여 주신다. 그분을 단연 구별되시게 하는, 인간적이면서도 초인간적이라고 묘사되어야 하는 박애다.

그분은 우리와 같은 인간이시지만, 우리와 같은 인간이 아니시다. 우리가 가장 높은 성취를 이룰 때에도 그분은 우리와 다르시다. 그분은 신비로우시다. 이것은 그분이 행하신 기사들과 그분의 인성의 베일을 뚫고 비치는 신성의 광채 때문만이 아니라 인간으로서 행하신 방식 때문이기도 하다.

어떤 인간의 전기도 그분의 전기에 비할 바가 아니다. 사실 그분을 평범한 전기의 주제로 삼으려는 모든 시도는 명백한 실패로 끝났다. 그분을 소설의 주제로 삼는 시도도 성공할 수 없다. 그 어떤 소설의 인물도 예수 그리스도에 비견될 수 없다. 소설의 천재들은 믿을 만한 인물이나 이아고, 샤일록, 맥베스 부인, 존 밀턴(John Milton)의 『실낙원』(*Paradise Lost*)에 나오는 사탄, 찰스 디킨스(Charles Dickens)의 『올리버 트위스트』(Oliver Twist)에 나오는 빌 사이크스 같은 악당을 성공적으로 묘사했을 뿐이다. 에밀리 브론테(Emily Brontë)의 『폭풍의 언덕』(Wuthering Heights)에 나오는 히스클리프 같은 어둡고 파괴적인 인물들, 제임스 호그(James Hogg)의 『의롭게 된 죄인의 은밀한 비망록과 고백』(The Private Memoirs and Confessions of a Justified Sinner)에 나오는 로버트 링힘 같은 정신병자들, 오셀로, 코리올라누스, 햄릿과 같은 결함 많은 영웅들, 그리고 어빈 웰시(Irvine Welsh)의 어두우면서도 계몽적인 소설 『트레인스포팅』(Trainspotting)에 나오는 파괴적인 헤로인 중독자들을 성공적으로 묘사했을 뿐이다.

## 분명히 인간이지만 흠 없으신 영웅

하지만 분명히 인간인 동시에 흠 없는 영웅이 어디에 있는가? 칭송 일색의 전기가 시도해 볼 수 있지만, 눈속임이 불가피하다. 기독교 또는 다른 종교의 가장 위대한 성현도 심각한 결함을 지녔다.

무죄성에 대한 박사 학위 논문을 쓸 수 있는 대상은 예수 그리스도뿐이시다. 아시시의 프란체스코(Francesco)로부터 디트리히 본회퍼(Dietrich Bonhoeffer)에 이르기까지 다른 모든 사람의 경우에는, 무죄성이라는 주제가 학문적 타당성을 잃기 마련이다. 그러나 예수 그리스도의 경우에는 그것이 전적으로 이치에 맞다. 이는 선험적인 신학적 이유 때문만이 아니라 완벽하게 죄 없는 삶이 그분의 생애에 대한 기록과 정확히 일치하기 때문이다. 우리가 이 기록들의 증거 가치를 받아들이지 않으려면 그것들을 경건한 허구라고 일축하는 길밖에 없다.

하지만 이 또한 대가를 요한다. 일단의 갈릴리 어부들에게 세상의 가장 위대한 극작가들과 소설가들을 훨씬 능가하는 수준의 천재성이 있다고 봐야 하는 대가이다. 복음서 기자들은 독자들을 허구 작품과 연결시키는 기술을 전혀 사용하지 않는다. 그들은 로맨스의 부침이나 정복 전쟁이나 법정의 술책을 묘사하지 않는다. 그들의 주제는 사랑스러운 나약함이나 매혹적인 결함을 담지 않는다. 그런 글과 주제가 어떻게 오래도록 관심을 끌 수 있을까?

그럼에도 결코 그분을 본 적이 없는 수많은 사람이 그분을 사랑하게 되었다. 그분이 사람이셨고 또한 사람이시라는 사실은 의심의 여지가 없다. 그분은 배고프고 목마르며 피곤해지신다. 그분은 시험을 당하신다. 그분에게는 친구들과 대적들이 있다. 마구간에서 태어나신 그분은 극한 음모의 타깃이 되신다. 그분은 기뻐하시고 우신다.

하지만 결코 실수가 없으시다. 그분은 한결같이 그러나 나약하지 않게 사랑하신다. 강한 용기를 가진 사람으로, 겟세마네에서 십자가의 실제적 공포에 직면하실 때에는 거의 넘어지실 뻔하지만, 자신의 두려움을 극복하고 단호하게 앞으로 나아가신다. 그분은 죄인들을 따뜻하게 대하시면서도 결코 죄를 용납하지 않으신다. 그분은 넘어진 자들에게 자상하시며 비판자들에게는 가차 없이 대하신다. 그분은 기사들을 행하시지만 결코 마술사 수준으로 떨어지지 않으신다. 긴 설교를 하시지만 잊을 수 없는 경구들을 가미하신다. 그분은 기억하기 좋은 이야기를 만들어서 탁월하게 전하신다. 자신을 함정에 빠트리려는 자들의 허점을 찌르신다. 그들의 머릿속에 인간의 가치를 상기시키신다. 그분은 특출한 친밀함으로, 그러나 한결같은 경외심으로 하나님께 말씀하신다.

  이 초상은 유일무이하다. 그것이 유일무이한 이유는 묘사되시는 분이 전적으로 유일무이한 역사적 인물이시기 때문이다. 자연은 그분을 설명하지 못한다. 그분의 인간 게놈에는 인간 아버지에 대한 단서가 전혀 없다는 점 외에는 특이한 것이 전혀 없을 것이다. 영장류로부터 인간에 이르는 연속적인 존재 사슬이라는 개념도 그분에게 적절히 적용될 수 없다. 세속주의가 그분을 일축할 수 있으려면 '초대 교회'가 그 전례 없는 천재를 창안했다고 보는 수밖에 없다. 물론 이 교회의 존재 자체가 너무나 난해한 퍼즐이다.

  반면에 믿음을 분명히 뒷받침하는 것이 있다. "태초에 하나님이⋯." 그리스도는 이 문맥에 완벽하게 적합하신 분으로 이해된다. 이것이 없다면 그분은 (혹은 다른 그 무엇도) 말이 되지 않는다.

Faith Undaunted

# 05

## 그분이
## 살아나셨다

사람들이 예수님을 십자가에 못 박았을 때, 그들은 그것이 마지막일 거라고 생각했다. 그분의 제자들마저 같은 생각을 하며 수심에 잠겨 의기소침한 채 집으로 갔다. 하지만 그것은 마지막 전의 일일 뿐이었다. 마지막 일은 하나님이 보이실 것이었고 그것은 바로 빈 무덤이었다.

그것은 위대한 이중의 메시지를 제시했다. 그것은 치욕을 당하신 아들을 하나님이 옹호하신다는 것을 선언했다. 또한 그것은 가장 확실한 표현으로, 원인과 결과의 자연스러운 순서 이면에 임의로 그 연속을 차단하거나 심지어 거꾸로 돌릴 수 있는 살아 계시고 자애로우시며 강하신 지성이 계심을 선언했다.

여기서도 우리가 주목할 것은 철학의 영역이 아니라 역사의 영역이며 특히 부활 후에 나타나신 예수님에 대한 기록들이다. 하지만 이들을 살펴보기 전에 주목할 만한 또 다른 사건, 곧 변화 사건(Transfiguration)을 잠시 생각해 보아야 한다. 변화에 대한 기사는 세 공관복음서에 모두 나오지만(마 17:1-13; 막 9:2-13; 눅 9:28-36), 특히 눈에 띄는 것은 베드로후서 1장 16-18절에 수록된 사도 베드로의 개인적인 회고이다. 베드로에게 그것은 꾸며 낸 이야기가 아니었다. 그는 야고보, 요한과 함께 그 자리에 있었고, 자신의 눈으로 주님의 모습이 변화되는 것을 보았다. 그것은 평소에는 낮은 인간 상태에 의해 가려졌던 신성의 영광이 순간적으로 비쳐 나온 것이었다. 그들은 그토록 밝은 광채를 본 적이 없었으며, 그처럼 놀라거나 당황했던 적이 결코 없었다.

그들은 특이한 어떤 것을 보았을 뿐만 아니라 특이한 그 무엇을 듣기도 했다. 하나님의 아들의 영예와 탁월하심을 증언하며 위엄의 영광으로 말씀하시는 하나님의 음성이었다. "이는 내 사랑하는 아들이니 너희는 그의 말을 들으라"(막 9:7).

지금 우리는 그 순간으로부터 약 2천 년이나 떨어져 있지만, 베드로는 그렇지 않았다. 그는 그곳에 있었다. 그는 자신이 본 것을 알았고, 자신이 들은 것을 알았으며, 남은 생애 동안 교회로 하여금 그것을 결코 잊지 않도록 하는 일에 헌신하기로 결심했다(벧후 1:15). 그는 너무나 확신했던 까닭에 마침내 자신의 생명으로 자신의 증언을 보장할 것이었다.

그 특이한 사건을 증언하는, 그리고 세상이 있기 전부터 있었던 영광을 가리키는 역사가 여기 있다. 그 영광은 또한 세상이 어떻게 존재할 수 있게 되었는지를 이해하도록 도와준다.

베드로는 인간적인 방식으로 그리스도의 영광이 그토록 밝게 빛나며 그들의 전망이 그토록 유망한 듯했던 산에 남아 있는 것이 좋겠다고 생각했다. 하지만 그들은 그럴 수 없었다. 그들은 전혀 다른 세상으로 내려가야 했다. 그 세상은 '사랑하시는 아들'이 곧 배신과 체포와 정죄를 당하고 십자가에 못 박히며 심지어 하나님께 버림받으실 곳이었다. 예수님이 제자들과 함께 마지막 만찬을 드시는 것으로 성금요일이 시작되었다(막 14:17). 그날은 그분이 타인 소유의 차가운 무덤에 장사되시는 것으로 끝났다. 세상은 모든 선지자 중에서 가장 많은 파란을 일으켰던 그분을 없앴다.

### 부활절 아침

하지만 사실은 그렇지 않았다. 갈릴리에서부터 따랐던 여인들이 그분이 장사되신 곳을 자세히 봐 두었고, 안식일이 끝나기를 초조하게 기다렸다. 가서 그분의 시신에 기름을 바르기 위해서였다(막 16:1-8). 그들의 이름(막달라 마리아, 야고보의 어머니 마리아, 살로메)은 주의 깊게 기록되어 있어 그들의 이야기가 사실이 아닐 경우 쉽게 위조할 수 있다. 하지만 부활절 아침에 그들이 보인 행동은 끔찍한 상황 속에서 사랑하는 이를 잃고 슬픔을 주체할 수 없었던 자들에게 기대할 수 있는 다소 비합리적인 면들을 드러낸다. 니고데모와 아리마대 요셉이 이미 예수님의 시신에 기름을 발랐고(요 19:39-40), 큰 돌이 무덤 입구에 놓였다. 그들은 자신들이 그 돌을 움직일 수 없다는 것을 알면서도 서둘러 갔다.

무덤에 도착했을 때 그들은 놀라운 광경을 마주했다. 무덤 입구의 돌이 옮겨져 있었을 뿐 아니라, 무덤 안으로 들어가 보니 흰 옷을 입은 사람이 그곳에 조용히 앉아 있었다. 그는 그들을 안심시키려 했다. "너희가 십자가에 못 박히신 나사렛 예수를 찾는구나 그가 살아나셨고 여기 계시지 아니하니라 보라 그를 두었던 곳이니라"(막 16:6).

그곳에는 아무것도 없었으며, 그날 이후 아무도 그곳에 무엇을 둘 수 없었다. 예수님의 무덤은 텅 비어 있고, 유대와 로마의 당국자들이나 회의적인 역사가들이나 급진적인 성경학자들이 아무리 노력해도 결코 그곳을 채울 수 없었다. 당대의 기록들이 침묵을 유지하며, 그 시신이 어디로 옮겨질 수 있었는지에 대해 그 누구도 설명하지 못한다. 그 시신이 사라진 것에 대해 그 누구도 천사가 제시한 것보다 더 나은 설명을 제시할 수 없었다. "그가 살아나셨고"(막 16:6). 마가가 묘사하였듯이, 여자들이 몹시 놀란 것은 자연스런 감정이었다. 그들은 예기치 않았고 놀라울 뿐만 아니라 몹시 무섭고 신비한 일에 직면했다. 신적 현상이 인간의 역사 속에 나타났다. 그리하여 모든 면에서 그 이야기의 앞뒤가 맞아떨어진다.

## 부활은 빈 무덤만으로 입증되지 않는다

철수로 승리할 수 없듯이, 빈 무덤이 부활을 입증하지는 않는다. 빈 무덤에 이어 살아나신 그리스도께서 나타나시는 일들이 뒤따랐다. 그분이 나타나신 것을 목격한 자들이 간절히 바라던 바를 잘못 본 것이라고 생각할 이유는 전혀 없다. 예수님을 따랐던 자들 중 그분을 다시 보길 기대했던 사람은 하나도 없었다.

그분의 나타나심은 특정한 유형의 개인이나 그룹이나 지역에 국한되지 않았다. 매우 다양한 부류의 사람들이 그분을 보았다. 막달라 마리아, 베드로와 요한, 함께 모였던 열한 제자, 비탄에 잠겼던 엠마오 도상의 두 제자, 한때 예수님을 미친 사람이라고 여겼던 예수님의 형제 야고보(막 3:21), 그 이야기를 믿기를 단도직입적으로 거부했던 도마(요 20:25) 등이다.

한번은 그분이 함께 모인 500명에게 보이셨고, 사도 바울에 따르면, 그들 중 다수가 그가 고린도전서를 쓸 때에도 여전히 살아 있었다(고전 15:6). 만일 그 문제가 사법심사에 회부되었다면, 증언들을 듣고 그 증언들에 대해 반대 심문을 하는 일에, 그리고 500여 명의 목격자 모두가 정신 이상자라고 주장하는 정신과 전문의들의 적대적인 증언을 듣는 것에 여러 달이 걸렸을 것이다.

분명 살아나신 그리스도를 보는 특권을 누렸던 사람들은 매우 다양했지만, 그들 중 누군가 정신병에 걸렸거나 망상에 빠졌음을 알려 주는 증거는 전혀 없다. 그분의 나타나심이 그들을 비논리적인 광신도로 만들었다는 증거도 전혀 없다.

반대로 그들은 세상에서 가장 오래 지속되며 널리 읽히는 기록을 남겼다. 오늘날 1세기의 위대한 로마 작가들의 이름을 댈 수 있는 사람은 거의 없다. 리비우스(Titus Livius)와 오비디우스(Publius Ovidius Naso)를 기억하는 이는 학자들뿐이다. 반면에 마태와 베드로와 요한이라는 이름에 친숙한 사람은 허다하다. 이들 셋 모두는 살아나신 그리스도를 보았고 여러 세기 동안 세상에서 가장 뛰어난 지성인들에게 도전을 주었던 서신서와 역사서를 기록했다. 게다가 그들은 자신들이 보았던 것을 알릴 준비를 했을 뿐만 아니라 그것을 위해 고난당하며 죽을 준비도 했다. 그들이 그렇게 했던 이유는 그것이 사실임을 알았기 때문만이 아니라 그들이 보았던 분이 심판 날에 다시 만나야 할 분임을 믿었기 때문이기도 하다.

그리스도께서 자신을 나타내 보이셨던 사람들의 다양성만큼이나 그 상황의 다양성도 주목할 만하다. 그분은 자신이 장사되셨던 바로 그 무덤에서 동산지기로 오인되실 정도로 겸비한 모습으로 막달라 마리아에게 나타나셨다. 바로 그날 저녁에 엠마오로 가는 두 사람에게 다가가셨다. 한때 그들은 예수님을 메시아로 여겼으나, 십자가 처형으로 인해 그들의 소망은 잔인하게 무너졌다. 그들은 그분과 더불어 기억할 만한 대화를 나누었으나, 그분과 함께 식사하려는 순간에 그분이 갑자기 사라지셨다. 그제야 그들은 그 낯선 사람이 누군지 깨닫고 지체하지 않고 그 소식을 전하였다. 곧바로 그들은 걸음을 돌이켜 11킬로미터가 넘는 거리의 예루살렘으로 되돌아갔고, 제자들도 이미 알고 있다는 것을 알았다. 그들이 함께 흥분한 채 그 소식을 놓고 대화하는 중에, 문이 잠겨 있었음에도 불구하고 갑자기 예수님이 친히 그들 가운데 서셨다.

그때 그 자리에 없었던 도마는 그 이야기를 들은 즉시 그것을 일축하였으며, 예수님의 몸에 생긴 못 자국을 자신이 직접 보며 만져 보지 않고는 결코 믿지 않을 거라고 말했다. 한 주 후에 문을 닫고 함께 모여 있던 제자들에게 예수님이 다시 나타나신다. 이번에는 도마도 있었다. 예수님은 도마가 믿기 위한 조건으로 제시했던 가시적, 신체적 증거를 그에게 보여 주신다. 도마는 의심했던 자신을 부끄럽게 여기고 "나의 주님이시요 나의 하나님이시니이다."라고 외칠 수밖에 없었다(요 20:28).

요한은 또 다른 경우를 알려 준다. 이른 아침에 예수님이 갈릴리 바닷가의 제자들에게 자신을 계시하셨다(요 21:1-4). 그들은 고기를 잡고 있었고, 예수님은 해변에 서 계셨지만 아무도 그분을 알아보지 못했다. 예수님이 그들에게 다가가서 물고기가 있느냐고 물으셨고 그들은 없다고 대답했다. 그들은 아무것도 잡지 못했다. 그분이 그들에게 방법을 바꾸어 배의 다른 편으로 그물을 던지라고 이르셨다. 그들은 엄청나게 많은 물고기를 끌어올렸고, 그제야 그분이 주님이신 것을 알게 되었다. 그들이 뭍으로 돌아왔을 때 그분이 이미 숯불 위에 생선을 굽고 계셨고, 그들은 조반을 배불리 먹었다.

예수 그리스도를 하나님의 영원한 말씀으로 엄숙히 선언하면서 시작하는(요 1:1-17) 요한복음이 신약성경의 부활 기사들 중에서 가장 물질적인 이 내용으로 끝난다는 것은 주목할 만하다.

이때에 예수님은 상당한 시간을 제자들과 함께 보내셨으며, 사도행전 첫 장에 따르면 그것은 특이한 경우가 아니었음이 분명하다. 부활과 승천 사이의 40일 동안, 그분은 가르치는 사역을 재개하셨다. 하나님 나라에 대해 예전에 가르치셨던 내용을 명확히 하셨고, 그들을 자신의 증인들로 임명하셨고, 그들의 사명이 세계적인 것임을 분명히 밝히셨고, 그들이 이 사명을 위해 곧 성령의 권능을 받을 것을 약속하셨으며, 또한 그 약속이 성취될 때까지 예루살렘에 남아 있으라고 지시하셨다(행 1:1-9). 성급함이 전혀 보이지 않는다. 그분이 가르치실 때 질문할 시간이 있기도 했다. 때로는 그다지 적합하지 않은 질문도 있었다(행 1:6-8).

부활하신 주님의 일련의 나타나심은 누가복음 24장 50-53절과 사도행전 1장 9-11절에 기록된 승천으로 끝난다. 베다니에 모인 제자들은 예수님의 마지막 축복을 받고, 그 자리에 선 채로 예수님이 구름(신적 임재의 상징)에 가려져 하늘로 올려지시는 것을 쳐다보았다. 부활절 아침에 여자들이 충격을 받고 무덤에서 달아났던 반면에, 이때 제자들은 크게 기뻐하며 예루살렘으로 돌아갔다(눅 24:52). 승천은 의미심장한 순간이었다. 그들은 이제 이생에서 다시는 그분을 보지 못하게 되었고, 장래의 제자들도 그분을 사랑하지만 직접 보지 않고 사랑하게 될 것이었다(벧전 1:8).

### 다메섹으로 가는 길

그러나 한 번의 예외가 있었다. 다메섹 도상에서 예수님이 다소의 사울에게 나타나셨다(행 9:1-19). 사울 자신이 이 나타나심을 예외적인 것으로 묘사하며(고전 15:8), 고린도 교회의 여러 교인들이 그를 이류 사도로 여겼던 이유 중 하나도 이 때문일 것이다. 하지만 그 자신이 분명히 밝히기를, 자신에게 일어난 일은 단순한 환상 경험이 아니라고 했다. 그것은 살아나신 그리스도의 실제적 나타나심이었고, 그리스도께서 친히 자신을 예수라고 밝히셨다(행 9:5). 베드로와 야고보와 요한이 주님을 본 것처럼 사울도 분명하게 주님을 보았다.

바울이 그리스도를 믿게 된 기원이 바로 이것이었다. 그 전까지는 교회를 핍박하는 것이 그의 일이었고, 기독교 박멸이 그의 불타는 열정이었다. 예수는 가짜요 사기꾼이요 신성 모독자였지만, 그의 운동이 추진력을 얻어 사울이 보기에 이제 예수가 자신의 종교와 민족에게 위협이 되고 있었다. 하나님이 그토록 분명하게 저주하셨던 예수라는 사람이 죽은 자 가운데서 살아났다고 믿을 만한 징후는 전혀 없다. 자기 의심의 징후도 없다. 사울의 태도가 변하기 시작했다거나 예수에 대한 소문이 참일지도 모른다고 생각하기 시작했다는 암시도 없다. 유대교나 당시의 타종교에서, 십자가에 못 박힌 사람이 죽은 자 가운데서 살아났다는 것을 그로 하여금 믿게 하는 것은 분명 없었다.

기독교에 대한 바울의 적대감이 그가 다메섹으로 향하던 때보다 더 격렬했던 적은 없었다. 그의 마음은 증오와 살해에 대한 일념으로 가득했다. 바로 그때 영적 청천벽력이 임했다. 한참 결의를 다지고 있는 중에, 그는 죽은 줄 알았던 이에게 사로잡힌다. 하늘에서 그에게 빛이 비취고 그는 당황하며 눈이 먼 채로 땅에 떨어진다. 한 음성이 들린다. 그 음성은 그가 누군지, 그리고 그의 사명이 무엇인지 아신다. "사울아, 사울아, 네가 어찌하여 나를 박해하느냐?" "주여, 누구시니이까?" 하고 사울이 외치자, "나는 네가 박해하는 예수라." 하신다.

다소의 사울은 역사적 인물이며, 하나님이 치밀한 철학적 논거의 결론이 아닌 구속사 안에서 발견되신다는 사실을 보여 주는 또 하나의 증거다. 사울의 믿음은 자신의 눈으로 보고 자신의 귀로 들은 것에 근거하였다. 하지만 다메섹 도상에서의 경험이 단지 '역사적' 사건이었던 것만은 아니다. 그것은 이어지는 모든 인류 역사의 분수령이 되는 '역사적으로 중요한' 사건이기도 했다.

사울은 당시에 알려진 온 세계를 다니며 복음을 전하고 글을 쓰고 사람들을 모았고, 십자가에 못 박혔다가 살아나신 메시아에 대한 놀라운 메시지를 이교와 다신론에 붙들려 있던 지역에 전하였다. 그것은 감격적인 이야기지만, 그 뿌리는 죽었다가 살아난 사람과의 만남에 있다. 미워했던 사람을 이제 그는 사랑했다. 그가 자기 민족의 대적으로 여겼던 사람이 이제 그들의 메시아이셨다. 그가 신성 모독자로 간주했던 이가 이제 부활의 이적으로 옹호되는, 하나님의 사랑하시는 아들이셨다.

그 시점 이후 다소의 사울은 그리스도를 위해 살았다. 그리스도를 위해 그는 자신의 학문적, 정치적 경력을 포기하였다. 그분을 위해 그는 매질과 파선과 궁핍과 멸시와 투옥, 그리고 마침내 처형에 직면할 것이었다. 그분을 위하여 그는 자신의 강력한 지성을 사용할 것이었다. 그분을 위해 그는 사람들을 그분의 복음에 귀 기울이게 하기 위한 모든 방법을 다 동원할 것이었다.

### 왜 그토록 많은 지면을 부활에 할애할까?

그토록 많은 지면을 부활에 할애하는 이유가 무엇일까? 단지 부활 자체를 입증하기 위함이 아니라 훨씬 더 큰 무엇을 가리키기 위함이다. 그것은 곧 살아 계시고 자애로우시고 지적이시며 강하신 하나님, 죽은 자를 살리실 수 있고 도덕 질서의 위대한 보증자로서 언젠가 모든 것을 올바르게 하실 우리 주 예수 그리스도의 아버지라는 존재다.

불법 세력이 그리스도를 십자가에 못 박았을 때 그랬듯이, 때로는 그 도덕 질서가 완전히 파괴된 것 같다. 그러나 하나님은 그분을 죽은 자 가운데서 살리셨고, 그렇게 하심으로써 완전히 새로운 빛을 역사에 비추셨다. 빛이 다스리신다.

Faith Undaunted

# 06
## 성경

믿음이 그 자체를 이해하도록 돕는 또 하나의 강력한 법령이 있다. 성경이다. 그것은 그 자체로 이적이다.

하지만 그것은 이슬람교도가 쿠란에 대해 주장하는 것과 같은 부류의 기적이 아니다. 그들은 쿠란의 내용이 영원부터 존재했으며, 마호메트(Mahomet)가 그것을 천사에게 받아서 암기한 후 동료들에게 알려 주고 그 동료들이 다시 다른 이들에게 알려 주었다고 믿는다. 그 과정에서 인간의 생각은 전혀 수반되지 않았다.

이와 대조적으로 성경은 하나님이 인간 기자들을 통해 이루신 이적이다. 이 점을 사도 베드로가 강조한 바 있는데, 그는 선지자들을 언급하면서 "사람들이 하나님께 받아 말한 것임이라."라고 했다(벧후 1:21). 그것은 한 권의 책이 아닌 총서이고, 오랜 세월에 걸쳐 다양한 사람들이 자신의 문체로 기록한 내용이며, 각각의 기록은 기자 자신의 기질을 반영하고 각자의 개인적인 결함을 드러낸다. 모세는 다윗이 아니고, 이사야는 예레미야가 아니며, 누가는 사도 요한이 아니다. 어떤 이들은 문학적 천재였으나 대부분은 그렇지 않았다. 어떤 이들은 심오한 지성을 지녔고 어떤 이들은 그렇지 않았다. 거의 대부분은 자신에 대해 의심하며 절망을 느끼는 순간들을 경험했고, 자신이 전하는 기준 아래로 떨어지는 경우도 있었다.

기자들만 광범위하게 차이 나는 개성을 반영하는 것이 아니다. 기자들과 그분의 문화적 배경이 다르기 때문에, 그들의 기록은 여러 가지 다른 종류의 문학을 담고 있다. 출애굽 이야기, 그리스도의 생애에 대한 복음서 기사들, 사도행전에 나오는 초대 교회의 성장에 대한 기록과 같은 위대한 역사적 기사들이 있다. 시편뿐 아니라 이따금 긴 산문 부분에서 우리를 사로잡는 서정적인 구절들(예컨대 고린도전서 13장)에는 위대한 시가가 있다. 잠언들과 비유들과 우화들(삿 9:8-15)이 있다. 전능자의 방식에 대한 한 신자의 고뇌에 찬 항변을 수록한 수수께끼 같은 욥기가 있다. 삶의 종국으로부터 삶을 보도록 알려 주는 전도서의 지혜가 있다. 전쟁과 농사와 위생에 대한 지침들이 있다. 그리고 요한복음 도입부와 바울의 에베소서에서 볼 수 있는 숭고한 신학적 비상(飛上)이 있다.

드문 경우이긴 하나, 성경 기자들이 하나님께로부터 받아쓴 내용도 있다. 십계명의 경우 그 계명들을 하나님이 친히 돌판에 기록하셨고, 성막 건축과 레위기의 제사 의식을 위한 세부 사항도 하나님이 직접 알려 주셨다. 하지만 이들은 예외다.

일반적으로는 성경 기자들이 인간 기자로서 겪는 모든 고충을 견뎌야 했다. 그들은 자신이 속한 시공간의 언어를 사용했으며, 어휘 선택과 한 주제에서 다른 주제로 넘어가는 과정을 고심하였다. 그들은 기존의 구전 자료와 기록된 자료들을 사용하였으나, 그것을 신중하게 선택하여 사려 깊게 편집했다. 그들은 당대에 사회적으로 유행했던 언약이나 입양과 같은 개념을 사용하였고, 때로는 이교도 시인들의 기록도 활용했다.

반면에 그들은 로맨틱한 사랑을 가리키는 단어인 **에로스**(*eros*) 같은 단어를 피했다. 이는 그것이 심각한 오해를 유발할 수 있고 하나님의 사랑을 완전히 그릇되게 전달할 수 있기 때문이다. 창세기를 기록하든 갈라디아서를 기록하든, 그들은 줄곧 원래 독자들에게 필요한 것과 당대의 교회가 직면한 목회적 도전에 초점을 맞추었다. 성경의 모든 책은 당시의 구체적 상황을 고려한 내용이었다.

성경 기자들 간의 차이점은 개성과 문체와 장르 문제에 국한되지 않는다. 신학적 성향의 차이도 있다. 하나님은 한 번에 단색으로 자신을 계시하지 않으시므로 각각의 시대와 기자는 독특한 특색을 보이되, 단계적으로 각 세대가 감당할 수 있도록 가르치며 이미 독자들이 알고 있는 것 위에 쌓아 올린다.

히브리서 서두가 이 점을 잘 알려 준다. 성경은 여러 시대에 여러 방식으로 주어졌다. 말라기와 세례 요한 사이처럼 때로는 긴 휴지기도 있었고, 모세 시대와 사도 시대와 같이 성문서가 넘쳐 나는 때도 있다. 하지만 이후의 시대가 단지 예전에 주어진 메시지를 모사하는 것은 아니다. 그보다는 성문서가 쌓이고 총서가 확장되면서 더 온전하고 더 깊은 계시를 향해 꾸준한 진전되었다. 이에 대한 가장 분명한 예는 구약성경과 신약성경의 대조이다. 시편 기자들과 선지자들은 메시아 강림과 십자가를 매우 뚜렷하게 예언하였지만, 그것이 해당 사건이 있기 거의 천 년 전에 기록되었음을 고려할 때, 메시아의 생애와 사역과 관련하여 그들이 비춘 빛은 사도들에 비해 흐릿하다. 구약성경에 비추인 그 빛을 우리가 볼 수 있게 하는 것은 신약성경의 빛인 경우가 많다.

심지어 같은 시대에도 각각의 기자는 각각의 관심사를 지녔고 각각 자신이 깨달은 바를 소개한다. 이사야는 종의 노래를 소개하고, 예레미야는 새 언약의 메시지를 소개하며, 다윗은 개인적인 신앙의 부침과 씨름한다. 훨씬 더 짧은 기간이긴 하지만, 신약성경에도 같은 패턴이 나타난다. 신약성경 전체를 지배하는 것은 예수님의 유일무이한 사역이다. 그분의 메시아 의식과 자신의 신적 정체성에 대한 확신은 물론이고, 탁월한 비유 사용과 짤막한 경구들, 그리고 자신을 '인자'로 종종 언급하신다는 점(그분의 제자 중 누구도 이 칭호를 예수님께 적용하지 않았다)에서도 그분은 다른 모든 기자와 구별된다.

물론 사도들의 기록은 전적으로 예수님의 가르침에서 유래하며, 그 모두는 자신으로부터 그리스도께로 관심을 돌렸던 세례 요한의 패턴을 따른다(요 1:20). 하지만 자신의 증언을 제시할 때에도 그들은 자신이 부분적으로만 알 뿐임을 뼈저리게 의식했다. 비록 성령의 가르침을 받은 대로 전했지만(고전 2:13), 그 메시지는 그들의 인식과 표현력을 초월한 것이었으며, 측량할 수 없는 풍성함과 말할 수 없는 즐거움에 대해 말하지 않을 수 없었다.

그럼에도 불구하고 기자들 각자가 자신의 독특한 면모로 기여한다. 산상수훈의 풍성한 요약을 제시하는 것은 마태 혼자인 반면에, 그리스도를 가리켜 말씀(Logos)이라고 표현하는 기자는 요한뿐이다. 우리로 하여금 바울에게서 혜택을 보게 하는 것은 가장 분명한 칭의 교리 계시만이 아니다. 성육신을 선재하신 그리스도의 자기 비우심(kenosis)으로 묘사하는 것도 그러하다(빌 2:7). 히브리서 기자는 그리스도를 가리켜 모세 율법의 상징적 제사를 성취하신 제사장으로 묘사한다. 그리고 요한계시록은 묵시와 대재앙은 물론이고 보좌 중심에 서 계신 죽임당한 어린 양에 대한 잊을 수 없는 이미지를 우리에게 제시한다(계 5:6).

### 하나님을 대신하여 말하다

의심할 여지없는 사실은 성경의 모든 페이지마다 종의 역할을 자각하는, 활기차면서도 겸허한 인간다움을 반영한다는 것이다. 그러나 이 모든 인간다움과 겸허함 가운데서 우리는 놀라운 주장과 마주친다. 그것은 이미 모세가 했던 주장으로 그를 깊은 곤경에 빠트렸던 것이다. 그는 하나님이 그에게 말씀하셨고 그를 하나님의 대변자로 지정하셨다고 주장했다.

그는 하나님을 대신하여 말하였다. 누차에 걸쳐 그 주장은 신랄한 분노를 불러일으켰다. 그의 형 아론과 누이 미리암마저 분개했다. "여호와께서 모세와만 말씀하셨느냐 우리와도 말씀하지 아니하셨느냐"(민 12:2). 이러한 주장은 이후 선지자들의 사역에서도 제시되었다. 그들은 '여호와께서 말씀하시기를'이라는 표현으로 자신의 메시지를 시작한다. 현대의 많은 성경학자들이 그 주장을 간과하지만, 예수님이 그것을 단호히 옹호하신다. "성경은 폐하지 못하나니"라고 말씀하신다(요 10:35). 그것은 거역할 수 없는 권위이며, 그 이유는 그 모든 말씀이 하나님의 입으로부터 나오기 때문이다(마 4:4). 그분의 사도들도 똑같은 견해를 지녔다.

그러나 성경에 대한 사도들의 태도를 살펴보기 전에, 잠시 멈추고 자신의 말씀에 대한 예수님의 태도를 살펴보자. 분명히 예수님은 자신의 말씀이 절대적인 권위를 지닌 것으로 보셨다. 이에 대한 한 가지 분명한 예는 그분이 산상수훈에서 랍비 전승에 대한 일련의 유명한 반박들을 제시하면서 사용하셨던 표현이다. 그분은 "너희가 들었으나 나는 너희에게 이르노니"라고 선언하신다(마 5:21-48). 계속해서 그분은 그들의 전통이 하나님의 율법을 흐릿하게 하며 얼버무리는 것일 뿐이라고 말씀하셨다. 또한 하나님이 살인은 물론이고 미움도 금하시며 간음은 물론이고 음욕도 금하신다고 하셨다. 하나님은 친구들은 물론이고 원수들도 사랑하라고 명하신다. 우리에게 눈에는 눈, 이에는 이를 요구하지 말고 다른 뺨마저 돌려 대라고 명하신다.

그 말씀은 타협의 여지가 없으며 특정 시대에 국한되지 않는다. 예수님은 가장 존경받았던 인간의 통찰력과 전통을 판결하시는 자신의 권위를 단언하시며, 산상수훈의 극적인 결론으로 그 점을 강조하신다. 모래 위에 지은 집이 결코 홍수나 폭풍에 견디지 못하듯이, 그분의 말씀을 무시하는 삶은 휩쓸려 내려가고 말 것이다(마 7:26-27).

사도들이 예수님의 신적 권위를 아무런 의심 없이 받아들였다는 것은 두말할 나위가 없다. 예컨대 바울은 자신이 주님께 받은 것만 전한다(고전 11:23-25, 15:3; 갈 1:11-12). 하지만 예수님 자신처럼, 그리고 그 시대의 모든 경건한 유대인처럼 사도들도 성경이 하나님의 말씀이라는 믿음을 망설임 없이 받아들였다.

물론 그들에게 성경은 구약성경을 뜻했으며, 구약성경의 권위에 대한 그들의 경외심은 그들의 글 전반에 걸쳐 분명하게 드러난다. 말할 것도 없이 이제 더 이상은 그것만이 그들의 유일한 권위가 아니다. 주님의 말씀이 기억되었고 구전이나 기록된 형태로 두루 전해지기 시작했다(눅 1:1-2). 사도들의 기록과 더불어 복음서에 영구히 보존된 이 말씀들이 곧 율법과 선지자들과 동등한 권위를 지닌 것으로 간주될 것이었다. 실제로 베드로는 그의 사랑하는 형제 바울의 기록을 '다른 성경'과 동등하게 여긴다(벧후 3:15-16).

이는 구약성경의 기록이 이제 더 이상 쓸모없음을 뜻하지 않는다. 예수님이 이미 자신이 율법과 선지자들을 폐하러 오신 것이 아니라 완전케 하고 명확하게 하기 위해 오셨음을 분명히 밝히셨다(마 5:17). 사도들이 자신의 믿음을 설명하기 위해, 그리고 자신의 교리를 증명하기 위해 구약성경 기록에 의존하였던 것도 바로 이 때문이다(예컨대 로마서 4장 1-12절에 나오는 칭의 교리를 위한 바울의 논거를 보라). 또한 시편이 여전히 기독교의 찬양과 기도의 숭고한 영감으로 남아 있는 것도 바로 이 때문이다.

그러나 비록 교회가 물려받은 정경인 구약성경이 폐하여지진 않았지만, 현재 그리스도인들이 신약성경으로 알고 있는 내용이 점차 추가됨으로써 정경이 늘어났다. 이것은 단순한 보완이나 예전 계시를 약간 조정한 것이 아니다. 구속사의 진행은 극적으로 진전되었다. 메시아가 오셨을 뿐만 아니라 성육신하신 하나님으로 오셨다. 그분은 세상 죄를 대속하기 위해 죽으셨다. 자신의 사람들을 강건하게 하기 위해 자신의 영을 부으셨다. 그분은 만민을 포용하는 새 이스라엘을 창조하셨다(마 28:19). 언젠가 그분은 권능과 영광으로 다시 오실 것이다.

이는 출애굽과 마찬가지로 완전히 새로운 것이었으며, 이 새로운 신적 구속 행위는 새로운 신적 계시 행위의 조명을 받아야 했다. 사실 사도들을 통해 주어진 이 새로운 계시 자체가 구속적인 행위였으며, 십자가 자체만큼이나 필수적인 것이었다.[1] 이 계시가 없었다면 세상은 결코 구원받을 수 없었을 것이다. 십자가 사건이라는 '사실'은 물론이고 그것에 대한 '말씀'도 있어야 했다(고전 1:18). 하나님만이 그것을 제공하실 수 있었고, 사도들이 그분의 대변자로 택하심을 받을 것이었다.

하지만 설교와 기록을 통해 이 계시를 전할 때, 그들은 줄곧 '신성한 성경'으로서의 구약성경의 특성을 암시적으로 반영하였다. 이 주제에 대한 그들의 성숙한 관점이 유명한 두 문구에 기록되어 있다(벧후 1:20-21; 딤후 3:16-17).

앞에서 보았듯이 베드로는 성경이 사람들을 통해 기록되었음을 분명히 강조하였지만, 그들이 말한 내용이 단지 그들 자신의 인간적인 사건 분석이나 그들 자신의 통찰과 선견을 반영한 것이 아니라는 점도 분명히 밝힌다. 그들은 성령에 이끌리는 사람으로서 기록했다. 고무되거나 인도될 뿐만 아니라 이끌렸다. 그들은 성령이 그들로 말하게 하시려는 것을 정확히 말했다.

구약성경에 대한 이 관점은 사도 바울이 단언한 바다. "모든 성경은 하나님의 감동으로 된 것으로"(딤후 3:16). ESV 번역에 따르면, "모든 성경은 하나님이 숨을 내쉬신 것으로"이다. 역시 ESV 번역에 따르면, 앞절에서 그는 성경을 '신성한 기록들'이라고 언급했다. 이는 성경을 여느 책 대하듯 해야 한다는 오늘날의 성경 연구 분야의 지배적인 관점을 우리가 받아

---

[1] 이 때문에 그리스도는 제사장과 왕은 물론이고 선지자이셔야 했다.

들일 수 없음을 뜻한다. 극소수이긴 하지만 일반 서적 중에도 하나님이 숨을 내쉬신 것이라고 선언하는 책이 있다. 만일 그 주장이 거짓이라면, 우리는 그 책을 집어던져야 한다. 그러나 만일 그 주장이 참이라면, 독자는 신성한 땅에 서 있는 것이다. 성경은 기록이지만, 사도 바울에게는 신성한 또는 거룩한 기록이며, 그 특성상 사람이 쓴 다른 모든 문헌과 전혀 다르다.

### 무엇이 성경을 신성하게 하는가?

성경을 신성하게 하는 것은 무엇인가? 그것이 하나님이 숨을 내쉬신 것이라는 사실이라고 사도는 선언한다. 여기서 바울이 사용하는 단어는 **데오프뉴스토스**(*theopneustos*)이며, 오래된 역본들은 이를 성경이 하나님의 '영감을 받았다.'라는 뜻으로 이해한다. 하나님이 성경을 기록하는 사람들에게 '숨을 불어넣으셨다.'라는 것이다. 하지만 실제 개념은 전혀 다르다. **데오프뉴스토스**의 문자적 의미는 '하나님이 숨 쉬신다.'이며, 바울이 말하는 것은 '숨을 불어넣으시는 것'이 아니라 '숨을 내쉬시는 것'이다. 성경은 하나님이 숨을 내쉬신 것이다.

이는 모든 성경에 해당되며, 그 기록들의 정확한 방식을 나타낸다. 핵심은 성경을 기록한 사람들이 영감을 받았다는 것이 아니라 그들의 기록이 하나님의 숨으로서의 독특한 특성을 지닌다는 것이다. 성경의 모든 내용은 하나님의 말씀이다.

바울은 이 숨 내쉼의 성격에 대해 아무런 설명도 하지 않는다. 다른 성경 기자들도 마찬가지다. 기자들이 이끌렸다는 언급이 나오지만 어떻게 그리되었는지는 언급되지 않는다. 기자들의 기록을 숨이 내쉬어진 것이라고 말하지만 그 방식에 대해서는 말하지 않는다. 우리가 아는 것은, 신적 행위의 특성이 어떠하든지, 그것은 인간의 행동을 배제하지 않았으며 성경 기자들의 인격을 억압하거나 무시하지도 않았다는 점이다.

이따금 비서에게 지시하는 경영자처럼, 하나님이 무엇을 말씀하실지 기자들에게 알려 주셨다. 때로는 신현으로 또는 출애굽과 같은 여러 가지 강력한 행동으로 자신을 그들에게 계시하였으며, 자신들이 본 것을 묘사하는 그들을 이끄셨다. 또 때로는 동일한 사건(예컨대 십자가 사건)을 다른 여러 사람이 증언하게 하셨으나 그들 각자에게 자신이 보았던 것을 자신의 방식으로 표현할 자유를 허용하셨다.

그런가 하면 시편과 사도들의 서신에서처럼, 하나님은 기자 자신의 영혼의 표출을 통해 말씀하신다. 예를 들어 바울은 로마서를 기록할 때, 음성을 듣거나 환상을 보지 않았으며, 객관적인 의미에서 하나님과의 대화에 참여한다. 그 대신 그는 생각하며, 그의 생각을 통해 하나님이 말씀하신다.

우리는 바울이 어느 정도로, 청교도들이 말하듯, 공을 들이는 기자였는지 결코 알지 못한다. 그의 원본을 볼 수 있다면, 그리고 그가 어떤 단어를 삭제하고 더 정확하고 세련된 다른 단어로 대체했는지 점검해 볼 수 있다면 흥미로울 것이다. 하지만 그럴 수 없을 것이다. 바울은 열정적으로 기록하였고, 때로는 자신의 생각을 폭포수처럼 쏟아 내느라 문법을 고려하거나 수정할 겨를이 없었을 것이다. 그 결과인 로마서가 마련되었을 때, 하나님은 나름의 문제를 지녔던 한 교회에 보내진 이 서신을 모든 시대의 전체 교회에 보내는 자신의 서신으로 보증할 준비를 갖추셨다. 로마서에 해당되는 사실은 전체 성경에 해당되는 것이다. 하나님은 현대어로 번역된 성경에서도 자신이 저자임을 밝히신다.

07

다른 어떤 것과도
같지 않은 책

성경의 기록 과정에 사람도 관여하고 하나님도 관여하셨다. 성경의 영감이 무엇을 뜻하는지에 대해 질문을 받으면, 우리가 할 수 있는 대답은 이것이 전부이다. 우리가 성경에서 읽는 인간의 말 전체가 또한 확실한 하나님의 말씀이도록 하시기 위한 하나님의 신비한 개입이라는 것이다. 이 점을 인정함으로써 나는 성경의 모든 말씀이 진실임을 믿는다. 이것이 믿음의 본질적 특성이다.

하지만 그러한 믿음이 그 자체에 대한 일관성 있는 설명을 제시할 수 있을까? 그것이 이성의 지지를 받을까? 달리 말해서 만일 하나님이 그보다 더 위대한 존재를 생각할 수 없는 분이시라면, 성경도 그보다 더 위대한 책을 생각할 수 없는 책인가?

이것은 단지 성경에 오류가 없다거나, 그것이 과학과 상충되지 않는다거나, 그 기자들이 자신의 이적들을 통해 인정을 받았다거나, 중대한 사건들이 일어나기 오래전에 그 기자들이 그것을 예언하는 은사를 지녔다는 사실을 보여 주는 문제가 아니다. 또한 그것은 인간 본성에 대한 묘사의 정확성의 문제도 아니다. 역사와 허구 역시 인간의 부패성을 설득력 있게 증언한다.

성경에 대한 믿음의 일관성은 성경이 신성한 계시에 대한 우리의 기대에 부합한다는 사실에서 찾을 수 있다. 성경은 모든 사람의 마음속에 존재하는 신에 대한 의식으로 가득하다. 성경은 모든 영혼 속에 하나님이 친히 뿌리신 종교의 씨를 자극한다. 성경은 그 앞에 우리가 겸손히 엎드려 경배할 수 있는 분이신 하나님을 알려 준다. 성경은 상처받은 영혼에 바르는 연고이다.

이 모든 것은 한 가지 위대한 사실로 귀결된다. 성경의 영광은 그것이 예수 그리스도를 전해 준다는 것이며, 그분 안에서 믿음은 온전히 만족되는 천상적인 것을 본다. 믿음이 철저히 배척되고 다른 사람들이 떼를 지어 그리스도를 거부할 때, 우리는 "영생의 말씀이 주께 있사오니 우리가 누구에게로 가오리이까?"라고 말할 수 있다(요 6:68). 만일 그리스도가 거기 계시지 않는다면, 만일 그리스도가 하나님이 아니시라면, 만일 하나님이 그리스도가 아니시라면, 우리는 다른 어떤 것에도 마음을 두지 않는다. 우리를 위하여 그리스도께서 다른 모든 신을 파하셨다. 믿음이 돛을 모두 펼치고 항해할 때, 그것은 그분을 보며 즐거이 노래한다.

우리가 성경을 소중히 여기는 것은 그것이 우리에게 그리스도를 알려 주기 때문이며, 또한 그분 안에서와 그분을 통해 오직 하늘로부터 나오는 하나님에 대한 지식을 계시해 주기 때문이다. 성경이 제시하는 내용은 가장 뛰어난 인간 천재의 창의적 상상마저 비교될 수 없다. 만일 우리가 그분을 경배할 수 없다면, 우리는 예술가를 경배해야 할 것이다. 하지만 그렇게 되면 그 예술가가 신이 된다. 하나님의 아들에 대한 묘사는 유일하게 그분을 아시는 성부 하나님이 우리를 위하여 친히 행하신 것이다(마 11:27).

### 성자 하나님에 대한 묘사

믿음을 그와 같이 보증해 주는 묘사의 특징은 무엇인가?

첫째, 그 속에서 우리는 우리의 인성을 취하시며 우리의 인간 경험을 공유하시는 하나님을 본다. 개념적으로 이것은 유대교와 이슬람교 모두를 넘어선 것이다. 유대인이나 이슬람교도에게는 그런 개념이 너무나 혐오스럽기 때문에 결코 그런 것을 고안해 내지 않을 것이다. 그러나 예수님 안에서 그것은 현실이 된다. 그분은 육신이 되셨고, 타락 이후로 우리가 처해야 했던 낮은 상태의 인성을 취하셨다.

그분은 단순히 성령 충만한 사람이 아니셨다. 그분은 영원하신 하나님의 아들이셨지만, 종의 형체를 지니신 아들로서 자신을 인간과 완벽하게 연합시키셨기에 인간의 몸과 인간의 마음을 지니셨고 이 땅에서 온전히 인간으로서의 삶을 사셨다. 그분에게도 인간 선조가 있었다. 그분은 인간 가족의 일원이셨다. 인간 친구들을 지니셨고 필요로 하셨고 1세기 팔레스타인의 온갖 죄악과 슬픔에 둘러싸이셨다. 그분은 알지 못하는 것이 무엇인지(막 13:32), 그리고 죽음을 두려워하는 것이 무엇인지 경험하셨으며 심지어 죽음을 맛보셨다(히 2:9).

이는 그분이 의존적이며 연약한 것이 무엇인지와 기도로 살아야 하는 것이 무엇인지 배우셨음을 뜻한다. 그것은 하나님의 아들이 멸시와 배척과 조롱과 침 뱉음과 저주를 당하는 곳으로 오셨음을 뜻한다. 그것은 겟세마네에서처럼 그분이 적어도 한 번은 심한 고민에 직면해야 했음을 뜻한다(마 26:38). 그것은 극심한 불의의 희생이 되셨음을 뜻한다. 그분은 배신과 체포와 채찍질과 십자가 처형을 당하셨다. 또한 그것은 사람들이 그분을 장사 지내고 여자들이 그분의 수난을 슬퍼해야 했음을 뜻한다.

그렇게 진정으로 온전히 인간이셨지만, 그분은 결코 단순한 사람이 아니셨다. 사도 바울이 기록하기를, 인간으로 태어나기 전에 예수 그리스도께서는 신성의 모습으로 이미 존재하셨지만, 신성한 이타심에 이끌려 영화로운 천상의 위엄으로 이 세상에 오실 수 있는 권리를 포기하고 종의 형체로 오셨으며, 이름 없고 영광이 가려진 채 외롭고 무기력하며 경멸당하는 모습으로 십자가에 달리시기까지 자신을 낮추셨다(빌 2:6-8). 온 세상 사람들의 눈에 쓸모없는 인생으로 보이셨다. 이는 하나님이 친히 전혀 새로운 경험을 자청하신 것이다. 그것은 하나님의 역사의 일부였다. 천지를 창조하신 영원하시고 살아 계시며 자애로우신 지성이 그리스도 안에서 인간의 연약성을 친히 경험하셨다.

둘째, 그리스도 안에서와 그리스도를 통하여 우리는 하나님이 한 분이시지만 영원히 혼자이시거나 사랑의 관계를 맺지 않으시는 것이 아님을 알 수 있다. 예수님에 대한 이야기를 읽고 그분의 강화를 들으며 그분의 기도를 간접적으로 들을 때, 우리는 영원하신 아버지께 창조되지 않은 영원하신 아들이 계시며 그분이 아버지의 속성을 공유하고 능력과 영광에서 아버지와 동등하심을 배운다. 그리고 성령 또한 영원하시며 신적 영광을 온전히 공유하심을 배운다. 삼위일체 하나님의 이 신비는 복음서들이 알려 주듯이 세례를 통해 예수님의 생애가 시작될 때 계시되었다. 그 세례 현장에 삼위 하나님이 계신다. 아들이 세례를 받으시고, 성령이 그분에게 임하시며, 아버지의 음성이 그분을 자신의 사랑하는 아들로 선언하신다.

그리고 요한복음 도입부에서 우리는 신성의 핵심에 함께하심(오늘날의 표현으로 관계성)이 있음을 본다. 태초에 언젠가 육신이 되실 **로고스**(*Logos*)가 이미 하나님과 함께 계셨다. 하나님과 함께하시는 하나님이시다. 동시에 예수님은 "나와 아버지는 하나이니라."라고 선언하실 수 있다(요 10:30). 구별되지만 하나이시며, 이 연합은 사람들 간에 존재할 수 있는 그 어떤 연합도 훨씬 초월하는 것이다.

그분들은 한 분으로 함께 행하시며 세상을 설계하시고 창조하시고 보존하신다. 그분들은 한 분으로 교류하시되, 우리처럼 말로써가 아니라 각자의 마음을 온전히 아시는 친밀함으로 교류하신다. 세 분은 서로의 사랑 안에서 전적으로, 완벽하게 행복하시다. 그분들은 서로를 찬미하시고, 서로에게 영광을 돌리시며, 서로에게 온전히 충족되신다. 신성에게는 이 풍성한 사랑의 관계 속에서 충족되지 않는 것이 전혀 없다. 사람이나 우주나 천사가 없었더라도, 영원하신 삼위일체는 완벽한 사랑의 공동체였을 것이다.

세계 3대 '성경의 종교'인 유대교와 기독교와 이슬람교는 세상의 기원이 한 분이며 영원하시고 인격적이신 창조주께 있다는 것에 모두 동의한다. 하지만 유대교와 이슬람교는 삼위일체 교리를 혐오하며 반발한다. 유대인들에게는 그것이 하나님이 한 분이시라는 그들의 근본적 믿음에 반하는 것처럼 생각된다. 이슬람교도들은 동정녀인 마리아에게서 하나님의 아들이 태어나셨다는 개념을 이해할 수 없다. 그리스도인들 중에도 삼위일체 교리를 자랑거리보다는 부담과 수수께끼로 여기는 이들이 많다.

분명 그것은 신비이며, 우리 인간의 관점에서 보면 직관에 반한다. 하지만 신비는 신성에서 분리될 수 없다. 우리의 지성이 하나님에게서 신비

요소를 모두 제거할 수 있다면, 그분은 하나님이 아니실 것이다. 기독교 신앙의 하나님은 우리 인간의 신조나 개념 속에 국한되실 수 없으며, 우리 인간의 언어로 정확히 표현되실 수도 없다.

종종 언급되듯이, 신학이 하는 일은 퍼즐을 푸는 것이 아니라 신비를 확인하는 것이다. 하지만 때로는 그 신비가 퍼즐에 빛을 비추며, 삼위일체 교리에 있어서도 그러하다. 삼위일체 교리는 단지 어리둥절하게 하는 수수께끼가 아니라 기독교 신앙의 가장 핵심적인 메시지 중 하나를 밝혀 준다. '하나님은 사랑이시다.'라는 메시지이다. 그분은 결코 사랑이 되신 것이 아니며, 그분의 사랑에 시작이 있는 것도 아니다. 아이작 왓츠(Isaac Watts)는 "주님의 사랑은 영원처럼 광대하다."라고 노래했다. 하나님은 언제나 사랑이셨고, 아버지와 아들과 성령의 교류 안에서 언제나 사랑을 누리셨다.

그러나 만일 삼위일체가 없다면, 아버지와 아들과 성령이 없으시다면, 영원히 공존하시며 동등하신 위격들의 연합이 없다면, 하나님은 하와가 창조되기 전의 아담과 같은 처지이셨을 것이며, '하나님이 독처하시는 것이 좋지 아니하니'라는 표현이 적절했을 것이다. 그러나 하나님 안에서 언제나 또 다른 분이 함께 관계를 맺고 계시다면, 우리의 믿음은 어떻게 하나님이 사랑이실 수 있는지, 어떻게 그 사랑이 또 다른 질서 속의 존재들에게 자신의 행복을 자애롭게 나눠 주실 수 있는지 이해할 수 있다. 그 존재들의 행복은 하나님이 세상을 창조하실 때 염두에 두신 목표였다.

또한 아들이 영원하신 삼위 중의 한 분이시라면, 우리는 어떻게 그분이 인간의 삶을 사시면서도 신성을 계시하는 분이신지 이해할 수 있다. 그분이 하나님을 계시하시는 이유는 그분이 하나님이시기 때문이며, 그 아들 안에서 하나님은 자신의 영광을 연약한 우리 인간의 눈에 맞추셨다. 마찬가지로 그분은 하나님이시므로 종으로서의 그분의 삶을 통해 비추신 긍휼은 하나님의 긍휼이다. 동일한 이치로 성령이 우리 안에 오셔서 거하시는 것은 하나님이 친히 오시는 것이다. 하나님의 생명이 그리스도인의 영혼 속에 있다.[1)]

셋째로, 성경의 그리스도 안에서 그리고 그분을 통하여 우리는 우리의 인성을 취하셨을 뿐만 아니라 우리 인간의 죄를 자신에게 지우신 하나님을 만난다. 이것은 예수님에 대한 세례 요한의 증언의 핵심이다. "보라 세상 죄를 지고 가는 하나님의 어린 양이로다"(요 1:29).

여기서 주목할 만한 사실은 사도 요한이 신적 **로고스**이신 그리스도를 소개하는 것으로 자신의 복음서를 시작하였고, 몇 구절 후에 온 세상의 죄를 속하기 위해 희생되시고자 죄를 지시는 분으로 이 신적 **로고스**를 소개한다는 것이다. 우리의 죄를 책임지시는 하나님! 우리를 대신하여 심판받으시는 하나님! 친히 십자가에 달려 그 몸으로 우리 죄를 담당하시는 하나님!(벧전 2:24) 우리를 대신하여 죄가 되신 하나님!(고후 5:21)

---

1) 이에 대한 설명을 보려면 다음의 책을 참조하라. Henry Scougal, *The Life of God in the Soul of Man* (1677). 이 책은 1677년 출간된 이래 부단히 재인쇄, 재판되고 있다.

### 죄: 즉각적으로 흥미를 잃게 하는 요소

왜 그러한 개념을 언급하는 것 자체가 즉각 흥미를 잃어버리게 하는 것일까? 그 대답은 간단하다. 이 개념은 죄 개념과 연관되기 때문이다. 이제 죄라는 단어를 언급하는 것이 죄악이기 때문이다. 그것을 언급할 때에도 우리는 즉시 그것에서 오탁을 제거해 버린다. 사람들은 모든 사람이 죄를 짓는다고 말한다. 혹은 우리의 죄란 사소한 잘못, 인간의 공통적인 연약성일 뿐이라고 말한다. 어쨌든 죄를 사하시는 것이 하나님이 하시는 일이라는 것이다.

때로는 교회의 존재 이유가 바로 사면을 제공하는 것이라고도 말한다. 얼마 전에 나는 어느 군목에게서 힘든 하루의 훈련을 마치고 막 돌아온 부대가 부대장의 브리핑을 받을 때 생긴 일을 들었다. 부대장은 마무리하며 군목에게 앞으로 나오라고 명령했다. 그때 그는 이렇게 말했다고 한다. "목사님, 와서 우리 죄를 사해 주십시오."

많은 사람이 그처럼 가볍고 현대적인 죄 개념을 갖고 있을 것이다. 사실 그것은 아주 옛날부터 있었던 개념이며, 11세기에 안셀무스(Anselmus)로 하여금 속죄에 대한 고전 『왜 하나님은 인간이 되셨는가?』(Cur Deus Homo?)를 쓰도록 고무시켰던 것도 바로 그러한 태도였다.[2] 그 책은 대화 형식으로 되어 있는데, 한 곳에서 안셀무스의 대화 상대인 보소가 "한 번의 회개 행위로 죄를 무효화할 수 있다."라고 한다. 그러자 안셀무스는

---

2) Anselm, *Why God Became Man*, in *Anselm of Canterbury: The Major Works*, ed. Brian Davies, G. R. Evans (New York: Oxford University Press, 1998), pp. 260-356.

"당신은 죄의 무게를 고려하지 않았습니다."라고 대답한다.[3] 보소의 말은 죄에 대한 중세의 태도를 요약한 것이며, 현대의 태도를 정확히 요약한 것이기도 하다. 우리는 죄를 심각하게 받아들이지 않기 때문에 속죄 개념이나 그것을 강조하시는 하나님을 용납하지 않는다.

동시에 책임과 보응이라는 개념이 현대 사회의 기저에 놓여 있다. 전 세계적으로 범죄와 억압과 과실의 희생자들이 정의를 부르짖고 배심원이 기소된 자를 유죄로 판결할 때 박수치며 환호하는 것도 바로 이 때문이다. 민법과 형법에 대한 위반, 그리고 인권 침해를 우리가 최대한 심각하게 다루는 것도 이 때문이다. 또한 우리의 사법 제도와 경찰과 감옥이 있는 것도 이 때문이다. 모든 나라와 모든 문화에 그런 제도가 존재한다는 사실은 범법에는 보응이 뒤따른다는 뿌리 깊은 신념을 반영한다.

하지만 우리는 인간의 법과 정부들과 관련하여 그토록 옹호하는 것을 하나님에 대해서는 부정하며, 심지어 그분의 법정을 거부하기까지 한다. 이로 인해 인간의 정의가 불확실해진다. 만일 궁극적 정의가 없다면, 입법자들이 무엇을 기준으로 삼겠는가? 만일 지고하며 보편적인 재판관의 승인을 받지 못한다면, 보잘것없는 치안 판사들이 무슨 권리로 감히 어떤 사람의 자유를 심지어는 생명을 빼앗겠는가? 사법적 보응의 합법성은 오직 하나님에게서만 비롯되며, 언젠가는 (사법 체계를 포함하여) 우리 각자가 그분 앞에서 해명해야 할 것이다.

---

3) Ibid. p. 305.

그날이 올 때 우리가 자신의 결백을 변호할 수 있을까? 하나님의 법은 명백하다. "네 마음을 다하고 목숨을 다하고 뜻을 다하여 주 너의 하나님을 사랑하라. 네 이웃을 네 자신같이 사랑하라." 우리 모두는 그 법을 위반하였으며, 이제 이 법의 첫 부분이 폐지되었다며 뻔뻔하게 생각하는 것으로 자신의 위반 사실을 희석시키려 한다. 우리는 종파 간의 증오나 인종 간의 증오와 같은 범죄들이 중하다는 점을 올바로 인식하며 법의 엄중한 처벌을 받아야 한다고 주장한다. 그러나 하나님에 대한 증오는 심각한 결과를 초래하지 않는다고 생각한다. 사실상 그것을 참으로 깨어 있는 생각이라 여긴다.

우리가 지고하신 재판관을 대면하는 날까지 그러할 것이다. 그 순간에 대한 생각을 우리 마음에서 배제하기 쉽다. 하지만 그것은 결코 완전히 근절될 수 없다. 스토아 철학자는 그에 직면하여 소망이 없는 만큼 두려움도 없는 상태로 죽겠다는 마음을 품었다. 죄책감에 빠진 맥베스는 그에 직면하여 "넵투누스의 대양이 이 피를 내 손에서 깨끗이 씻어 줄 것인가?"라고 부르짖었다. 햄릿은 그에 직면하여 "양심이 우리 모두를 겁쟁이로 만든다."라고 선언했다. 죽음이 망각을 가져올 거라고 확신할 수만 있다면!

하지만 사후에 대한 공포가 의지를 혼란에 빠트리며
우리가 알지 못하는 곳으로 날아가게 하기보다는
우리가 지닌 불행을 짊어지게 한다.

『햄릿』(Hamlet) 3막 1장

인류 역사가 신의 노여움을 가라앉히려는 필사적인 노력을 생생하게 증언하는 것도 바로 이 때문이다. 우리는 무수한 양과 염소와 어린 양과 심지어 어린아이들을 제물로 바쳐 왔다. 우리는 고행을 하고 의식을 거행하고 순례를 떠나며, 철야 기도와 금식과 자학을 견뎌 왔다. 우리는 세상과의 관계를 끊고 사막에서 은거해 왔다. 우리가 가진 모든 것을 팔아서 가난한 사람들에게 먹을 것을 제공해 왔다. 그럼에도 우리의 양심은 여전히 평안을 얻지 못했다.

하지만 그때 무수한 신전과 흉포한 신들의 그리스 로마 세계로 예수님의 복음이 들어갔다. 이는 하나님이 우리에게 우리 자신의 죄를 개인적으로 속하라고 요구하시지 않는다는 것과 우리가 예물을 가지고 있어야만 그분께 나아갈 수 있다고 주장하시지 않는다는 것을 알리기 위함이었다. 이것이 복음의 위대한 핵심 개념이다. 우리는 죄 사함을 획득할 필요가 없다. 그것은 풍성하며 거저 주어지는 것이다. 어떤 면에서는 그것이 전부다. 믿음과 회개가 거기서 시작된다. 탕자는 자신의 모습 그대로 집으로 돌아갈 수 있다.

하지만 그것이 전부인 것은 아니다. 더 많은 것이 있다. 하나님이 죄를 사하시는 것은 죄가 문제시되지 않아서가 아니라 그분의 아들이 인류의 죄를 떠맡으셨기 때문이다. 그분은 세상 죄를 지시는 어린 양이 되셨다. 인류의 이름으로, 아버지의 동의에 따라, 그분은 완벽한 순종의 제사를 하나님께 드리셨다. 인류의 이름으로 그분은 우리 죄에 상응하는 심판을 떠맡으셨다. 그분은 인류의 이름으로 죄를 사하는 것이 합당할 정도로 하나님을 만족시키는 삶을 살고 또한 죽으셨다. 이 사람(Man)의 이름으로 죄 사함을 받으려는 죄인은 누구도 결코 내쫓기지 않을 것이다(요 6:37). 그분은 하나님께로 향하는 길이시다(요 14:6).

오직 한 사람만이 이 일을 하셨는가? 그렇다. 그분은 한 시공간에 계셨지만, 그분의 삶과 죽음은 우주적인 의의를 지녔다. 왜냐하면 그분은 단순한 사람이 아니라 인성을 입고 인간의 처지에 놓이신, 영원하신 하나님의 아들이셨기 때문이다. 신인(God-Man)이신 그분 안에서 성부와 성자와 성령이 친히 구속의 대가를 온전히 지불하셨으므로, 우리가 "하나님이 죄를 사하실 수 있기 전에 반드시 속죄가 필요한가?"라고 묻는다면 그 대답은 이러하다. "그렇지 않다. 하나님의 아들이 그 모든 일을 행하셨다. 풍성하고 거저 베푸시는 은혜다."

하지만 그러한 죄 사함은 단지 형식적인 것일 뿐, 우리의 마음은 여전히 변화되지 않고 우리의 삶은 여전히 자기중심적이며 불경건하지 않은가? 사도 바울은 결코 그럴 수 없다며 단언한다. 그리스도께서는 자신의 삶과 죽음을 통하여 우리의 죄가 사해지게 하셨을 뿐만 아니라 하나님의 영이 오셔서 우리 마음에 거하시고 우리를 내면으로부터 변화시키게 하셨다. 그리스도께서는 우리를 위해 죽으셨을 뿐만 아니라 그분의 영을 통하여 우리 안에 거하시며 우리의 영혼 속에 있는 하나님의 생명이 갈라디아서 5장 22-23절에 아름답게 묘사된 열매를 맺게 하신다. 죄 사함을 받은 삶의 특징은 사랑과 희락과 화평과 오래 참음과 자비와 양선과 충성과 온유와 절제이다.

### 최종 결과

하나님에 대한 우리의 믿음이 그보다 더 크신 분을 생각할 수 없을 정도의 것임을 입증해 주는 것은 하나님의 사랑의 깊이와 대가만이 아니다. 놀라운 것이 또 있다. 그것은 하나님이 계획하신 최종 결과이다. 하나님은 그분의 피조물이 영생을 얻기 바라셨다. 이것은 앞에서 언급한 '태초에 생명이 계셨다.'라는 사실을 상기시킨다. 해와 달, 사람과 천사, 시간과 공간이 있기 전에 생명이 계셨다. 그 생명은 영원하시므로 그 시작이 없었다. 그 생명의 특성에 대해서는 앞에서 살펴보았다. 그것은 영원하신 삼위일체의 생명이요 공유된 사랑과 순전한 행복의 생명이다. 우리가 영생을 얻는다는 것은 하나님이 영원부터 지니셨던 이 생명을 공유함을 뜻한다.

이는 우리의 표현의 한계를 넘어 믿기 힘든 지점으로 우리를 이끈다. 영원하신 분의 생명은 완벽한 행복의 생명이었다. 하나님이 우리를 위해 바라시는 것, 그리스도께서 우리를 위해 보증하신 것은 우리가 이 생명을, 신적 행복을 공유하는 것이다. 아버지와 아들과 성령의 사랑과 피조물을 향하신 하나님의 기쁨과 성자에 대한 성부의 사랑을 우리가 공유하는 것이다.

우리는 '왜 하나님이 세상을 창조하셨을까?'라는 질문으로 다시 돌아간다. 앞에서 보았듯이 기독교의 전통적인 대답은 하나님 자신의 영광을 위하여 세상을 창조하셨다는 것이며, 이것은 언제나 중요한 진리로 남아 있다. 하지만 그것이 전부가 아니다. 왜냐하면 이 대답은 하나님의 영광이 그분의 피조물에 의존하고, 그분이 세상을 창조하지 않으셨다면 달리 찬양받으실 수 없다는 것을 시사하기 때문이다. 더 깊은 진리는 하나님이 자신의 만족을 위해 세상을 창조하셨다는 것이다. 세상 창조가 끝났을 때, 하나님이 보시기에 그것이 심히 좋았다(창 1:31). 그분은 기뻐하셨다. 그것이 그분을 행복하시게 했다. 그분을 기쁘시게 했다.

그것이 창조의 목적이었다면, 그것은 또한 구속의 목적이기도 했다. 이사야 53장 11절의 표현을 빌면, 그분은 자기 영혼의 수고한 것을 보고 만족하셨다. 그분의 구원 계획은 사랑에서 비롯되었다. 이는 하나님이 세상을 위해, 특히 자신의 교회를 위해 정성을 다하셨음을 뜻한다. 그것은 처음부터 하나님이 의도하신 결과가 우리로 하여금 그 영광 앞에 흠 없이 기쁨으로 서게 하시는 것이었음을 뜻한다(유 1:24). 또한 그것은 하나님이 우리의 찬송만이 아니라 우리의 행복도 기뻐하심을 뜻한다. 그 목적을 위해 하나님은 우리에게 영원토록 은혜를 베푸실 것이다. 하나님은 그분의 피조물의 기쁨 가운데서 영광을 받으신다.

이제 지금까지 언급한 내용을 상기해 보자. 구속 교리를 이처럼 간략히 요약한 것은 그것을 설명하거나 옹호하기 위함이라기보다는 그와 같은 메시지를 담은 책의 유일무이한 특성을 강조하기 위함이다. 그 메시지보다 더 위대한 것을 생각할 수 없다. 그리고 그 메시지는 그보다 위대한 것을 생각할 수 없는 책을 통해 우리에게 전해진다.

성경 자체가 하나님의 강력한 사역들 중 하나이며, 출애굽, 성육신, 부활과 같은 일련의 위대한 구속 사건들의 핵심 장면이다. 그것은 가시적이고 만질 수 있는 이적이며, 창세기부터 계시록까지 분명하고도 온전하게 하나님에 대해 그리고 인간의 상상을 초월한 사랑에 대해 알려 준다. 그것은 창조의 경관에 찍힌 하나님의 영구적인 발자취로서, "하나님이 여기 계셨다."라고 알려 준다.

08

내가 믿사오며
: 믿음과 확실성

지금까지는 우리가 무엇을 믿는지 살펴보았다. 하지만 사도신경에서 "내가 믿사오며"라고 말하는 것은 무슨 뜻일까?

무엇보다도 믿음은 생각의 문제이다. 그것은 무엇인가가 참인 것으로, 그리고 우리가 개인적인 확신으로 확실하게 그것을 믿는 것으로 설득됨을 뜻한다. 예컨대 요한복음 11장 27절에서 마르다는 "주는 그리스도시요 세상에 오시는 하나님의 아들이신 줄 내가 믿나이다."라고 고백했다. 그것은 기독교 신앙을 보여 주는 가장 근본적인 고백이지만, 그 외에도 몇 가지가 더 있으며, 모두 '…를 내가 믿나이다.'라는 문구로 표현될 수 있다. 예를 들면 이러하다. "그리스도께서 동정녀 마리아에게 나시고, 본디오 빌라도에게 고난을 받으사, 십자가에 못 박혀 죽으시고, 장사한 지 사흘 만에 죽은 자 가운데서 다시 살아나시며…산 자와 죽은 자를 심판하러 오실 것을 내가 믿나이다." 또한 나는 하나님이 기꺼이 내 죄를 사하심과 언젠가 내 몸이 다시 살아날 것도 믿는다. 만일 우리가 이 믿음을 잃거나 도외시한다면, 우리는 기독교 자체를 잃는다.

그러한 믿음의 이면에는 지식이 놓여 있다. 특히 복음 전파를 통해 주어지는 지식이다. 아덴 사람들은 알지 못하는 신을 섬겼다(행 17:23). 그리스도인은 그럴 수 없다. 사도 바울은 누구든지 자신이 결코 들어 본 적이 없는 하나님을 어떻게 믿을 수 있느냐고, 전하는 자가 없으면 어떻게 들을 수 있느냐고 묻는다(롬 10:14).

그리스도가 세상의 구주시라는 사실은 상식에 속한 것이 아니었으며, 스토아 철학이나 에피쿠로스 철학 같은 당대를 풍미한 철학을 통해 얻을 수 있는 통찰도 아니었다. 그것은 세상의 모든 종교가 공유하는 믿음도 아니었다. 그 믿음에 이를 수 있는 길은 하나님의 아들이 세상 구원을 위해 행하신 일에 대한 복음을 듣는 것뿐이었다(롬 1:1-3). 그것은 하나님의 이야기였지만, 사자와 메신저의 역할을 하는 사람들을 통해서만 전해졌으며, 그들은 그리스도를 통해 하나님이 세상을 자신과 화목하게 하셨다는 소식(고후 5:19)을 가가호호 다니면서 전하였다. 2천 년 전에는 오직 이 메시지에 대한 지식을 통해서만 사람들이 그리스도를 믿을 수 있었다. 오늘날에도 오직 이 지식을 통해서만 그 믿음에 이를 수 있으며, 이 지식을 통해서만 믿음이 양분을 얻고 고무될 수 있다.

초기 그리스도인들에게 믿음은 깊은 확신의 문제였다. ESV 번역에 따르면, 히브리서 기자는 믿음을 바라는 것들에 대한 보증이며 보이지 않는 것들에 대한 확신이라고 한다(히 11:1). G. K. 체스터턴(G. K. Chesterton)은 말하기를, "오늘날 우리를 괴롭히는 것은 그릇된 겸손이다. 겸양이 확신의 자리를 대신 차지했다. 결코 그래서는 안 되는 자리였다. 사람은 자신에 대해 의심하되 진리에 대해서는 의심하지 말아야 한다. 그러나 정반대가 되었다."[1]

이러한 비난은 히브리서 11장에 나오는 구약의 성도들에게는 결코 해당될 수 없다. 그들의 인내와 업적이 히브리서 11장에 수록되어 있다. 그 비난은 초기 그리스도인들에게도 해당되지 않는다. 그들은 자체적으로는 약했지만 믿음 안에서 강했으며, 그리스도께서 그들의 죄를 위하여 죽으셨고 죽은 자 가운데서 살아나셨으며 만유의 주의 자리를 되찾으셨음을 확신했다.

---

1) G. K. Chesterton, *Orthodoxy* (1908, Reprinted London: Fontana Books, 1961), p. 31.

그들 중의 많은 사람이 자신의 믿음을 포기하거나 부인하기보다는 차라리 순교할 각오를 했던 것도 바로 이 때문이다. 그들은 보이는 세상의 이면에 보이지 않는 세상이 있음을 확신했다. 하나님이 단지 말씀으로 우주를 창조하셨다는 것을 확신했다. 하나님이 미래에 대한 모든 약속을 이루실 것을 확신했다. 믿음의 눈에는 이 약속들이 너무나 확고한 실재였으므로, 신자들은 하나님이 지으신 도성을 멀리서나마 이미 볼 수 있었다(히 11:10).

믿음은 하나님이 존재하심과 그분이 선지자들과 사도들을 통해 말씀하심을 확신한다. 그리고 언젠가 그분이 우주를 새롭게 하시며 새 하늘과 새 땅을 창조하실 것을 확신한다(계 21:1). 체스터턴이 상기시켰듯이, 그러한 확신은 백 년 전에 이미 의심되었다. 오늘날에는 그것이 조롱받는다. 사람들이 우리가 믿는 것에 동의하지 않는 것만이 아니다. 그들은 확실성 자체를 유감으로 여긴다. 헤르만 바빙크(Herman Bavinck)가 언급했듯이, 의심은 우리 시대의 질병이 되었다.[2)]

이렇게 된 데에는 두 가지 주된 이유가 있다. 첫째, 소크라테스(Socrates) 하면 브라질 축구 선수를 연상하는 사람들의 생각을 지배하는 철학적 가설들이다. 둘째, 성경의 신뢰성에 대한 확신을 훼손시켜 온, 심지어 교회 내부에서도 조장되는 회의론적 역사학이다.

---

2) Herman Bavinck, *The Certainty of Faith* (1901, Republished Potschefstroom: Institute for Reformational Studies, 1998), p. 1.

### 철학적 가설들

첫째는 철학적 가설들이다. 우리는 광범위한 회의론의 환경 속에 살고 있으며, 거기서는 철학자만이 아니라 길거리의 사람들도 '진리' 같은 것은 없다는 개념을 흔쾌히 받아들인다. 진리는 주관적이고 개인적인 것으로 여겨지며, 이런 생각은 "그것이 너에게 참이면 참이다."라는 말 속에, 좀 더 냉소적으로는 "한 사람의 견해는 다른 사람의 견해만큼 좋다."라는 말 속에 반영되어 있다.

항상 개인적인 견해의 문제로 남아 있어야 하는 주제가 많다. 정치학, 예술, 문학비평, 과거의 영웅들과 악한들에 대한 평가와 같은 영역에서 특히 그러하며, 신학에서의 상반된 관점들도 마찬가지다. 그러나 실제 삶에서는 자신의 개인적 확신이 자신만을 위한 진실이라고 믿는 사람이 거의 없다.

자신의 견해가 법으로 보호되어야 한다고 요구하는 성소수자 커뮤니티, 이슬람 공포증이 조금만 암시되어도 예민한 반응을 보이는 이슬람교도들, 혹은 '흑인의 목숨도 소중하다.'라는 기치 아래 행진하는 자들은 그런 생각을 인정하지 않는다. 그런 그룹들은 자신의 견해를 단순한 사적인 신념으로 간주하지 않는다. 그들은 그것을 모든 이성적인 인류의 동의를 요구하는 보편적 진리로 본다.

하지만 종교라는 분야에서는 확실성이 (너무도 확실하게) 배제되며 상대주의가 확고한 지지를 받는다. 그래서 이제 대부분의 신학자들은 자신의 일이 더 이상 진리 추구나 하나님에 대한 연구가 아니라 다른 신학자들이 하나님에 대해 말한 것을 연구하는 것이라고 생각한다. 심지어 조금이라도 진리를 파악했다고 주장하는 것은 교만으로 간주된다.

이 상대주의는 이마누엘 칸트(Immanuel Kant)의 철학에 그 뿌리를 두고 있다. 특히 그가 믿음과 지식을 구분한 것에서 근원을 찾을 수 있다. 칸트의 주장에 따르면, 어떤 것은 지식의 문제이며, 또 어떤 것은 단지 믿음의 문제이다. 믿음의 문제일 뿐인 것으로는 영혼, 사후의 생, 그리고 무엇보다도 하나님 등이 있다.

하지만 이 구분 자체가 칸트가 '현상체'(phenomena)라고 지칭한 것과 '가상체'(noumena)라고 지칭한 것을 구분한 데서 비롯되었다. '현상체'는 우리가 보며 측정할 수 있는 감각적이고 물질적인 세계를 가리켰다. 이 세상은 과학적 방법으로 검토될 수 있었고, 이 일을 위해 이성은 물론 우리의 감각도 사용될 수 있었으며, 경험적인 또는 실험적인 확실성을 산출할 수 있었다. 여기에는 진정한 지식이 있을 수 있었다.

그러나 보이지 않는 세계, 곧 '가상체'에 대한 지식은 있을 수 없었다. 우리는 하나님이나 사후의 생에 대한 개념을 만들어 낼 수 있었으며, 그것에 대한 견해를 가질 수 있었고, 그것들에 대한 '믿음'도 지닐 수 있었다. 그러나 그것에 대한 '지식'은 전혀 가질 수 없었다.

여기서 칸트의 입장이 어디서 유래했는지 기억하는 것이 중요하다. 그는 전능자(가상체)를 완벽하게 알 수 있다고 하는 이성주의에 반발했다. 칸트의 이러한 반박은 옳았으며, 그의 생각은 인간의 사고로는 하나님에 대한 부분적 지식 이상을 결코 얻을 수 없다고 주장하는 기독교 신앙과 완벽한 조화를 이룬다. 또한 그가 주요 출판물을 통해 이성의 한계 안에서만 존재하는 종교란 있을 수 없다고 주장한 것도 옳았다.[3] 종교는 확실성을 요했고, '가상체'에 대한 실제적인 지식에 도달할 수 없는 순수 이성은 그것을 결코 제공할 수 없었다.

그러나 우리가 전능자를 완벽하게 알 수 없다는 것은 참이지만, 순수 이성이나 과학적인 방법도 물질적 우주에 대한 완벽하고 명확한 지식을 우리에게 제공할 수 없다는 것 또한 참이다. '가상체'에 대한 지식만큼이나 '현상체'에 대한 우리의 지식도 언제나 제한적이며 잠정적이다. 보이는 세계의 많은 비밀을 육안으로 볼 수 있으며, 전파 망원경이나 전자 현미경이나 양성자 가속기를 통해서 더욱 많이 볼 수 있다. 그럼에도 불구하고 우리가 보는 것은 내적 실재가 아니라 겉모습일 뿐이다.

칸트 시대에는 유전자나 원자가 그 비밀을 아직 드러내지 않았다. '현상체'가 여전히 비밀로 간직한 것들이 무엇인가? 무수하다! 하지만 그것은 천천히 모습을 드러낼 것이며, 때로는 극히 일부만 간신히 드러낼 것이다. 물리학에서 해결된 모든 난제는 또 다른 신비를 드러낸다. 과학계가 제시한 확실성이 그릇된 경우가 적지 않다.

이 사실이 과학의 오만을 항상 막아 주었던 것은 아니다. 열역학 제2법칙과 절대 영도의 창안자로 유명한 켈빈(William Thomson, 1st Baron Kelvin) 경은 1900년에 영국과학진흥협회 앞에서 "이제 물리학에서는 새로 발

---

[3] Immanuel Kant, *Religion within the Limits of Reason Alone* (1793, English translation 1934, Republished New York: Harper and Row, 1960).

견될 것이 전혀 없다. 남은 것은 더욱더 엄밀한 측정뿐이다."라고 선언했다.[4] 불과 5년 후에 아인슈타인(Albert Einstein)은 특수상대성 이론을 공식화하였을 뿐만 아니라, 빛이 연속적인 파장으로 움직이는 것이 아니라 다수의 작은 입자들(양자, 후에 광양자로 불린다)로 움직인다는 것을 증명함으로써 양자 이론을 위한 기초를 놓았다. 아인슈타인 전기 작가는 이 발견들이 "고전 물리학을 태워 버릴 불을 붙였다."라고 했다.[5]

하지만 생의 마지막이 가까웠을 때, 그리고 양자 역학이 물리학자들 사이에서 보편적으로 인정을 받은 후에 아인슈타인 자신은 이렇게 탄식했다. "50년간의 숙고로도 광양자가 무엇인가에 대한 답에 더 이상 가까워지지 못하였다."[6]

기독교 교회도 이러한 감정에 공감할 것이니, 수천 년간의 숙고로도 하나님이 누구신가에 대한 명확한 답에 더 이상 가까워지지 못하였다고 단언할 것이다.

하지만 동시에 우리는 우리가 아는 것에 감사해야 한다. 우리가 아는 이유는, 인간의 이성만으로는 보이지 않는 분에 대한 지식에 이르지 못하지만, 보이지 않는 분이 자신을 계시하실 수 있으며, 그 계시를 통해 그분을 아는 지식을 우리와 공유하실 수 있기 때문이다.[7]

---

4) Walter Isaacson, *Einstein: His Life and Universe* (London: Simon and Schuster, 2007), p. 90.
5) Ibid, p. 99.
6) Ibid, p. 101.
7) 성경은 '같은 부류만이 서로를 알아볼 수 있다.'라는 원칙을 확인시켜 준다. 고린도전서 2장 11절을 보라. "하나님의 일도 하나님의 영 외에는 아무도 알지 못하느니라."

모든 종교는 바로 이 신적 계시에 의존한다. 무엇보다도 기독교가 그러하다. 물론 그러한 계시를 통해 우리가 얻는 지식은 언제나 부분적이다. 유한한 존재에게는 무한한 것을 수용할 역량이 결여되어 있다는 단순한 이유 때문이다. 우리의 역량 안에 있지만 하나님이 감추어 두신 '비밀스러운 것들'도 있다. 그럼에도 불구하고 이 계시는 하나님과 관련된 명제들에 대한 지식은 물론이고 하나님이 실제로 어떤 분이신지에 대한 참된 지식도 제공한다.

칸트의 사고에서는 그러한 계시의 가능성을 전혀 배제하지 않는다. 그는 단지 순수 이성의 한계와 하나님이 우리를 순수 이성의 처분에 맡기지 않으셨음을 말했을 뿐이다. 하나님은 자신을 보이셨고, 우리 인간의 경험 가운데 들어오셨다. 자신의 존재에 대한 경험적 증거, 세상과의 지속적인 관계를 유지하시며 인간에 대한 관심을 가지신다는 사실에 대한 경험적 증거를 주셨다. 보이지 않는 분이 자신을 보이게 하셨다. '가상체'가 자신을 '현상체'가 되게 하셨다. 우리는 이 사실을 아브라함과 모세와 다윗과 이스라엘의 위대한 선견자들의 경험을 통해 알고 있다. 하나님이 그들과 동행하셨고, 그들과 대화하셨다.

무엇보다도 성육신하신 하나님이신 예수 그리스도 안에서 우리는 이것을 보았다. 거듭해서 사도들은 그분의 가시성을 강조한다. "우리가 그의 영광을 보니"(요 1:14). "우리는 그의 크신 위엄을 친히 본 자라"(벧후 1:16). "우리가 보고 들은 바를 너희에게도 전함은"(요일 1:3). 그리스도 안에서 하나님이 시공간으로 들어오셨고, 유한한 인생들과 대화하셨고, 그들의 목전에서 자연의 경로를 바꾸셨으며, 보고 들은 소식을 전하도록 그들에게 직접 위임하셨다. 그들은 그렇게 하였으며, 이는 기독교에서 하나님의 존재가 철학적이거나 이론적인 논거의 문제가 아니라 경험적 증거의 문제임을 뜻한다. 우리는 말씀하시며 행동하시는 하나님을 믿는다.

이것은 우리가 신학을 이성이 미치지 않는 곳에 두는 것을 뜻하지 않는다. 우리가 하나님의 형상으로 지음받은 이성적 존재로서 계시를 받기 때문에 이성도 나름대로의 역할을 한다. 만일 그렇지 않다면 우리는 계시를 이해할 수조차 없을 것이다. 하지만 계시 해석과 관련하여 이성이 아무리 중요할지라도, 우리는 철학이 계시를 배제하도록 허용할 수 없으며, 이성이 하나님의 자기 계시를 자체 검열하도록 허용할 수도 없다.

믿음이 확실성을 얻는 것은 바로 이 계시에서 비롯된다. 하나님이 말씀하신 것은 확실하며, 그분이 말씀하실 때 우리가 그 말씀을 믿고 순종해야 하는 것도 분명한 사실이다.

### 믿음과 역사적 회의론

기독교적 확신에 대한 두 번째 큰 도전은 급진적 역사비평, 특히 복음서들에 대한 역사비평의 증가이다. 18세기 계몽주의는 권위에 대한 저항이었다. 특히 교황과 신조와 성경의 권위에 대한 저항이었다. 이로부터 성경을 사람이 쓴 여느 문헌처럼 여겨야 한다는 주장이 일어났다. 이를 기반으로 성경비평, 특히 복음서들에 대한 성경비평은 모순과 불일치와 오류를 찾아내는 작업이 되었고, 그 과정에서 예수님의 생애와 가르침에 대한 복음서들의 증언의 신빙성을 훼손시켰다.[8]

교회 내부에서 돌고 있는 그러한 회의론은 기독교에 심각한 영향을 미쳤다. 왜냐하면 기독교는 마르크스주의나 실존주의처럼 단지 인간 이성에서 비롯된 개념을 모은 것이 아니라 소식이기 때문이다. 만일 그것이 거짓된 소식이면 신빙성을 모두 잃게 된다. 바울이 그 점을 잘 표현하였다. "그리스도께서 만일 다시 살아나지 못하셨으면 우리가 전파하는 것도 헛것이요 또 너희 믿음도 헛것이며"(고전 15:14). 이어서 그는 전도자들이 거짓을 전하는 셈이라고 덧붙인다. 만일 그 역사가 거짓이면 속죄부터 몸의 부활까지 모든 기독교 교리가 무너진다.

20세기 이후에 대두한 가장 급진적인 회의적 목소리 중 하나는 루돌프 불트만(Rudolf Bultmann)의 것이다. 당대의 가장 위대한 신약학자 중 한 사람으로 두루 칭송을 들었던 그는 다음과 같이 단호하게 말했다. "현재 우리는 예수의 생애나 인격과 관련하여 거의 아무것도 알 수 없다. 초기의 기독교 자료들이 그것에 대해 전혀 관심을 보이지 않으며, 더욱이 그 자료들은 부분적이고 전설적이기 때문이다. 예수에 대한 다른 자료들은 존재하지 않는다."[9]

---

[8] 이는 성경비평의 학문적 노력 자체가 불법적이라거나 '비평'이라는 말이 성경을 '비판하는' 학자들을 가리키는 경멸적인 표현임을 뜻하는 것은 아니다. 성경비평의 참된 목표는 성경 연구 과정에서 불가피하게 일어나는 본문적, 문학적, 역사적, 주석적 물음에 대한 학문적인 판단에 이르는 것이다.

[9] Rudolf Bultmann, *Jesus and the Word* (1926, English translation, London: Fontana Books, 1958), p. 14.

이 말은 우선 예수님의 생애와 인격에 대한 사실적 기사는 바로 복음서 기자들이 그들이 전하고 있다고 생각했던 것이라는 반응을 불러일으킨다.10) 복음서 기자들의 기사는 대충 읽어 보아도 "그분은 어떤 분이신가?"라는 질문에 완벽하게 일관된 답변을 하는 정보를 충분히 제공해 준다. 하지만 만일 그 기자들이 사실에 근거한 기사를 보여 주는 게 아니라면, 복음서들이 제시하는 것은 무엇일까? 불트만의 대답은 그들이 신화로 덧씌워진 사실, 신화로 뒤덮인 사실을 제시한다는 것이다. 하지만 그런 해석에는 많은 난점이 뒤따른다.

첫째, 복음서 기자들이 창안했다고 생각되는 신화의 스케일이다. 그것은 위대한 전사에 대한 신화나 대국을 건국한 인물에 대한 신화나 올림포스산의 이런저런 신들의 모험에 대한 신화가 아니다. 어느 위대한 도덕적 이상이나 인간 비극의 어떤 측면을 담고자 창안된 신화도 아니다.

그것은 신화들 가운데서 유일무이하다. 인성을 취하심으로써 자신을 낮추신, 바닥 사회에서 온전히 인간의 삶을 사신, 그리고 스스로 침 뱉음과 십자가에 못 박힘을 당하시고 장사되신 유일하고 영원하신 하나님에 대한 신화이다. 그 어떤 사람도 하지 않았던 말씀을 하셨고, 불가지론자 윈스턴 처칠(Winston Churchill)마저 윤리학의 최종판이라고 찬탄한 산

---

10) 예컨대 누가복음 서두를 보라. 거기서 누가는 자신의 관심이 처음부터 예수님의 생애와 사역을 목격했던 자들을 통해 보도된 것들을 수집하고 순서대로 기술하는 것임을 분명히 밝힌다. 또한 그는 자신을 그 모든 일을 근원부터 자세히 미루어 살핀 사람이라고 묘사한다. 그는 자신을 신학자나 창의적인 역사가로 제시하지 않고, 분명히 기독교 신앙의 관점을 가진 기록자로 제시한다. 물론 '편벽되지 않은' 역사가들은 믿음에 대한 자신만의 관점을 지닐 것이다. 그리고 대체로 그것은 복음서들의 주장에 대한 회의론에 해당한다.

산수훈을 설파하셨던 한 목수에 대한 신화이다.[11] 바람과 바다가 복종했고(막 4:41) 죽은 자를 살리며 자신도 죽은 자 가운데서 살아나셨던 사람에 대한 신화이다. 그것은 많은 신을 보유한(고전 8:5) 그리스나 로마의 세계관에 적합하지 않았고, 자신의 전능하신 하나님 야훼에 견주어지는 어떤 라이벌도 용납하지 않는 유대인들의 세계관에도 적합하지 않았던 신화이다. 그렇다면 초기의 그리스도인들이 그런 신화를 어떻게 감히 보급하려 했겠는가?

둘째, 그 신화가 형성되고 인정받은 속도이다. 예수 그리스도께서는 죽으신 지 20년이 안 되어 유대와 시리아는 물론이고 터키와 그리스처럼 멀리 떨어진 곳에서도 공공연히 경배를 받으셨다. 그리고 사후 30년 만에 로마에 그분을 따르는 자들이 너무나 많아져서 네로(Nero) 황제가 그들을 로마 황폐화를 초래한 대화재의 속죄양으로 삼았다. 바로 그 시점에도 예수님을 어릴 적부터 성인이 되기까지 알았고 그분의 설교를 들었던, 그리고 그분이 눈먼 자를 고치고 죽은 자를 살리신 것을 알았던 사람들이 많이 생존해 있었다. 그 사람들이 그 '신화'를 중단시킬 수도 있었으나 그렇게 하지 않았다.

셋째, 그 신화를 창안했던 사람들이다. 그들은 문학적 천재여야 했다. 하지만 우리는 그들이 누군지 알고 있다. 그들은 문학적 천재가 아니었다. 그들은 매우 평범했던 사람들이다. 학식 있는 사람이나 영향력 있는

---

11) Andrew Roberts, *Churchill: Walking with Destiny* (London: Allen Lane, 2018), p. 932.

사람이나 추종자들을 스스로 통솔할 수 있는 사람이 아니었다. 둘은 지방의 어부였고, 한 명은 세리였으며, 한 명은 사도 바울의 선교 여행에 동행하기 위해 자신의 직업을 포기한 의사였다. 한 명은 예수님의 사촌 요한이었다. 그의 어머니는 예수님의 이모였다. 또 한 명은 예수님의 동생인 야고보였다. 그는 예수님의 성장 과정을 보았고, 한때는 그분을 미쳤다고 생각했다. 그들 중 누구도 문학 작품을 구상하는 법을 알았을 것 같지 않다. 하지만 그들은 2천 년 후에도 그 생생함을 전혀 잃지 않은 이야기를 남겼다.

그다음은 그들의 증언이 제시되는 방식이다. 여기서 우리는 분명히 칸트가 '현상체'라고 지칭했을 것을 다룬다. 그것은 우리가 보고 만지며 읽을 수 있는 객체이다. 이 복음은 얼마나 놀라운 객체인가! 그것은 단순히, 그리스도의 유아 시기는 물론이고 그분의 영원한 선재성까지 거슬러 올라가는, 그리고 승리와 고난의 과정을 거쳐 하늘과 땅의 (그리고 로마 황제의) 주로 높여지심까지 다루는 그 기사의 놀라운 범위를 가리키는 것이 아니다.

그 이야기를 구성하는 부분들도 참으로 놀라운 내용이다. 예수님을 따랐던 갈릴리인들 중에서 누가 산상수훈을 만들었을까? 누가 주기도문을 썼을까? 누가 선한 사마리아인 비유와 탕자의 비유를 생각해 냈을까? 갈릴리 바다의 폭풍의 드라마를 그려 낸 것은 누구의 상상력일까? 육체적으로나 정신적으로나 무릎을 꿇으셨던 주님을 묘사한 겟세마네 이야기, 버림받음에 대한 부르짖음으로 클라이맥스에 달한 듯하다가 "아버지, 내 영혼을 아버지 손에 부탁하나이다."라는 말씀으로 평정에 이르렀던 십자가 이야기를 누가 창작했을까? 마가가 기록한 것으로 알려져 있는 부활절 아침 이야기(막 16:1-8), 그 꾸밈없는 보석을 세공한 사람은 베드로였을까, 요한이었을까? 아니면 다른 어떤 어부였을까?

역사적 회의론은 복음서들과 마주칠 때 두 가지의 이적에 직면한다. 하나는 그 소식을 창안한 이적이며, 다른 하나는 그것을 두루 알린 이적이다.

Faith Undaunted

# 09

## 교리로부터의 도피

기독교 신앙은 적대적인 세상에서 생존해야 한다. 종종 로마 황제 디오클레티아누스(Diocletianus)나 구소련의 권력자 니키타 S. 흐루쇼프(Nikita S. Khrushchyov) 치하의 박해 때처럼 그 적대 행위는 인명 살상의 형태를 띠기도 한다.

하지만 교회가 핍박을 받지 않는 때에도 적대 행위는 지속된다. 특히 기독교 믿음에 대한 부단한 지적 공격의 형태로 지속된다. 아테네의 철학자들은 사람이 죽었다가 다시 살아날 수 있다는 개념을 비웃었고(행 17:32), 16세기의 소키누스주의는 그리스도의 신성을 줄곧 공격했으며, 18세기의 이신론은 특별한 신적 계시의 필요성을 거부하였다.

우리 시대에도 복음은 교리적 불확실성과 역사적 회의론이라는 유독한 환경 속에서 생존해야 한다.

### 교리가 아니라 삶

그러한 적대 행위에 직면하여, 그리스도인들은 지적 공격으로부터 안전하게 벗어났다고 느낄 수 있는 어떤 곳으로 달아나고 싶은 유혹을 받는다. 그 도피처 중 하나가 기독교가 역사적 사실이나 신학적 교리에 대한 것이 아니라 삶의 방식에 대한 것이라고 하는 핑계이다. 사람들은 "교리는 잊고 다만 예수님의 윤리를 따라 살자. 중요한 것은 기독교적 믿음이 아니라 기독교적 가치다."라고 한다.

이런 생각은 자신을 '단순한 신자'로 묘사하는 자들에게만 국한되지 않는다. 믿음을 멸시하는 교양인들에게 그 믿음을 권하려고 애쓰는 탁월한 기독교 학자들도 그런 생각을 갖는다. 그들은 교리가 부담스러운 것이라고 생각한다. 자유주의 신학자 아돌프 폰 하르나크(Adolf von Harnack)는 심지어 신학이 종종 종교를 파괴하는 역할을 할 뿐이므로 고대 신조에 근거한 기독론을 없애야 하며 그리스도를 따르는 것을 단지 그분의 계명, 특히 사랑하라는 계명을 지키는 것으로 재규정해야 한다고 했다.[1]

18세기 말 이후 유럽의 여러 신학교에서 그런 견해를 가르쳤으며, 개신교 강단에 급속히 확산되었다. 그것은 기독교를 칸트(Immanuel Kant)의 신학비평에서 다룰 수 없었던 곳에 두었지만, 그 대가를 치르게 했다. 기독교의 위대한 교리 모두가 잠잠해졌다. 이는 그 교리들이 기독교를 제대로 드러내지 못한다는 주장 때문이었다. 시인들과 예술가들과 철학자들과 과학자들은 그 교리들을 불쾌해했다. 만일 당신이 기독교적인 가치만 전하고 예수님의 모범을 따라야 한다는 사실 그 이상을 사람들에게 요구하지 않으면, 모든 공격을 피할 수 있을 뿐 아니라 기독교를 학식 있고 교양을 갖춘 사회 구성원들의 마음에 들게도 할 것이다. 이것은 포도주에 물을 조금 섞는 정도가 아니다. 물론 그렇게 하는 것도 충분히 심각한 결과를 초래할 수 있지만, 이것은 포도주를 아예 쏟아 버리고 물만 권하는 것이다.

## 배신

통속적인 경건의 차원이든 불순한 자유주의의 차원이든, 기독교 교리를 억누르며 기독교의 핵심을 '삶의 방식'(선한 사람이 되는 방식)이라고 고치려는 생각은 그리스도와 그분의 사도들에 대한 완벽한 배신이다. 이는 사도

---

1) Adolf Harnack, *What Is Christianity?*, trans. Thomas Bailey Saunders (3rd edition, London: Williams and Norgate, 1904).

바울이 그의 마지막 서신에서 묘사한 상황을 상기시킨다. 그는 젊은 디모데에게 경고한다. "때가 이르리니 사람이 바른 교훈을 받지 아니하며 귀가 가려워서 자기의 사욕을 따를 스승을 많이 두고"(딤후 4:3). 그리고 이 새로운 유행에 순응할 것을 권하지 않고 "범사에 오래 참음과 가르침으로 경책하며 경계하며 권하라."라고 당부한다(딤후 4:2).

주님 자신도 선생이셨고 종종 **디다스칼로스**(didaskalos)나 **랍비**(rabbi)라는 호칭으로 불리셨다. 가르치실 어떤 교리가 없다면 그분이 선생이실 수 없었을 것이다. 그분이 하나님을 '우리 아버지'로 이해하신 것이 교리였다. 십자가를 죄인들을 위한 속전으로 이해하신 것이 교리였다(막 10:45). 거듭남의 필수성을 주장하신 것도 교리였다(요 3:7).

사도들 역시 선생이었다. 예컨대 바울은 자신을 가리켜 "믿음과 진리 안에서 내가 이방인의 스승이 되었노라."라고 묘사한다(딤전 2:7; 딤후 1:11). 그의 서신에 가득한 교리들은 2천 년 동안 신학자들을 줄곧 분주하게 했고 머리를 긁적이게 했다. 감독들은 가르칠 수 있어야 했다(딤전 3:2). 믿음 자체가 바른 말로 표현될 수 있는 진리 체계였으며(딤후 1:13), 신성한 것으로 지켜져야 했다(딤후 1:12, 4:7).

기독론(그리스도에 대한 교리)을 잊어버리고 다만 기독교적인 삶을 살아가야 한다는 개념에 대해 사도들은 터무니없고 혐오스럽다고 여길 것이다. 기독교의 위대한 특징은 예수님을 본받는 데 있는 것이 아니라 그분을 경배하는 데 있으며, 이 경배는 모든 기독교 교리 중에서도 가장 기본적인 것인 그리스도의 신성에 기초한다. 만일 그 교리가 참되지 않다면, 그리스도를 경배하는 것은 우상 숭배다. 만일 그것이 참되다면, 소위 교양 있는 종교 경멸자들을 포함하여 모든 이가 무릎을 꿇어야 한다.

기독교의 모든 핵심적인 측면도 교리에 기초한다. 우리가 하나님과 화목하는 것은 이신칭의 교리를 통해서다(롬 5:1). 죽음의 공포를 제거하는 것은 사탄을 물리치신 그리스도의 승리에 대한 교리다(히 2:15). 우리 자신과 세상에 소망을 주는 것은 재림 교리다. 또한 바울이 빌립보서 2장 5-11절에서 분명히 밝히듯이, 우리로 하여금 현세에서 그리스도를 닮은 삶을 살 수 있게 하는 것은 오직 기독론이다. 그는 빌립보인들에게 자신의 개인적인 권리에 집착하지 말고 예수님의 마음을 기억해야 한다고 말한다. 하나님의 본체로 영원히 존재하시는 그분은 참으로 위대하신 분이지만, 스스로 하찮은 사람이 되셨고 자신의 정체성과 영광을 종의 형체 아래 감추셨다. 우리에게는 당연히 의무가 부여되어 있으며, 거대한 신학 체계가 그것을 강화해 준다. 하지만 주님의 영원한 선재에 대한 교리를 배제하면 윤리적 명령도 사라진다.

그렇다면 초대 교회는 현대 기독교의 특징인 반지성주의를 허용하지 않았던 것이 분명하다. 예를 들어 누가는 자신의 복음서를 기록할 때, 사람들의 생각을 분명히 고려하였으며 그의 독자들이 배웠던 것을 확신할 수 있게 하는 것을 목표로 삼았다(눅 1:4). 사도 요한은 예수님이 메시아라는 믿음을 그의 독자들에게 확신시키기 원했다(요 20:30). 베드로는 마음의 허리를 동이라고 했다(벧전 1:13). 바울은 마음을 새롭게 하는 것이 중요하다고 거듭 말한다(롬 12:2; 골 3:10).

이 모든 것은 사도들이 세상 복음화를 위해 설정한 방식에 반영되었다. 그들은 자신의 임무를 사고와 관련한 전투로 보았다. 그 방법으로만 사람들의 마음을 얻을 수 있었다. 그들은 민족적 종교에 완고하게 몰입된 세대에게 십자가에 못 박히신 유대인이 죽은 자 가운데서 살아나신 것과 그분이 세상의 구주이심을 확신시켜야 했다. 그러한 메시지 자체가 정서적 충격을 지닌 것이었지만, 그들의 주요 임무는 사람들의 감정을 움직이는 것이 아니라 그 소식이 참이라는 것을 설득시키는 것이었다. '그리스도처럼 살아라.'라는 메시지가 뒤따랐지만, 그것은 뒤따를 뿐이었다. 무엇보다도 그들은 그 사실을 사람들에게 확신시켜야 했다.

오늘날 우리도 같은 전투를 하고 있다. 오늘날의 종교적 환경은 1세기와 별반 다르지 않다. 70년 전 스코틀랜드를 방문한 빌리 그레이엄(Billy Graham)은 오늘날 우리가 더 이상 가정할 수 없는 상황을 가정할 수 있었다. 그는 성경의 권위나 그리스도의 부활이나 장차 올 심판의 확실성에 의문을 제기하는 사람들이 거의 없는, 심지어 교회에 다니지 않는 사람들조차 의문을 제기하지 않는 기독교 국가에서 설교했다. 그러나 우리의 상황은 전혀 다르다. 빌리 그레이엄이 세워 두었던 확신과 확실성은 더 이상 없다. 그것은 심지어 교회 내에도 없다.

그 대신 한때 서구 유럽의 삶을 형성했던 기독교적 세계관이 또 다른 급진적이고 세속적인 세계관으로 대체되었다. 그 세계관은 기독교를 단지 세상을 향해 변증해야 하는 것으로만 생각한다. 그것은 교회를 생생한 예배 장소가 아니라 건축 박물관으로 여긴다. 우리는 더 이상 사람들의 사고를 붙들지 않는다. 그 대신 많은 신과 많은 주가 있고 우리 하나님을 단지 무기력한 신으로 간주하는 세상에서 무로부터 시작한다.

그렇다면 나아갈 방법은 무엇일까? 바울의 디모데후서를 읽어 보자. 그런 다음 정신을 차리고 그 말씀대로 해 보자. 진리를 전하자. 위대한 교리들을 전하자. 알리고, 논의하고, 설득하자. 그리고 낙심될 때, 그리스도가 위대한 구세주이심을 우리의 '서툴고 어눌하며 더듬는 혀'로 설득하게 하시는 보혜사를 기억하자.

## 예수님의 윤리의 엄격성

교리들을 제쳐 두고 단지 기독교 윤리로 사는 것에 초점을 맞추는 것은 사도적 기독교에 대한 배신임은 물론이고, 예수님이 가르치신 윤리의 엄격성을 심각하게 과소평가하는 것이기도 하다. 그것은 마치 그런 삶이 교리를 믿는 것보다 훨씬 더 쉽다는 식으로 생각하는 것이다. 실제로는 전혀 그렇지 않다. 사실 복음은 그렇게 사는 삶에 철저히 실패한 사람들을 위한 것이다.

예수님의 윤리는 우리를 위해 산상수훈에 요약되어 있다. 산상수훈에 처음 다가갈 때, 아마도 우리는 예수님이 바리새인들의 엄격한 기준을 완화시키고 훨씬 지기 쉬운 멍에를 메게 하실 거라고 기대할 것이다.

하지만 우리는 곧바로 착각에서 깨어난다. "내가 너희에게 이르노니 너희 의가 서기관과 바리새인보다 더 낫지 못하면 결코 천국에 들어가지 못하리라"(마 5:20). 사실 이러한 점은 그 설교 서두에 분명히 드러난다. 거기서 예수님은 하나님이 축복하시는 사람의 특성을 묘사하셨다. 그것은 매우 특이하다. 그분이 그리시는 그림은 현대의 전형적인 선량한 이웃이나 현대의 전형적인 교회 출석자에 대한 것이 아니기 때문이다.

사실 얼핏 보기에 이 복 있는 사람은 병적이라 할 정도로 무기력해 보인다. 그는 심령이 가난하고 애통하고 온유하다. 그가 이런 모습인 이유는 '자신에 대한 진실'이라는 한 가지 중대한 사실에 직면해 있기 때문이다. 그것이 언제나 그리스도인의 삶의 출발점이어야 한다. 복 있는 사람은 자신의 영적 궁핍함을 인식하고 그로 인해 슬퍼한다. 그가 온유한 이유는 자신을 알게 됨에 따라 다른 사람들보다 우월하다고 느낄 수 없기 때문이며, 그가 자비로운 이유는 자신이 모든 것을 하나님의 은혜에 빚지고 있음을 알기 때문이다.

이것이 전부가 아니다. 하나님의 축복을 받고 기독교적인 윤리로 사는 사람은 마음이 순수하다. 그의 바람과 포부가 순수하고, 그 이면의 동기가 순수하다. 그는 의에 주리고 목마르며, 그가 추구하는 유일한 상급은 하나님을 뵙는 것이다(마 5:8). 이 그림은 곧바로 우리를 윤리를 넘어 또 다른 세계의 경건으로 이끈다. 얼핏 보고 그것에 찬탄하기 쉽다.

그러나 사람은 본성적으로 그것을 사모하지 않는다. 예수님의 윤리에 따라 살려는 사람이 찬사를 받기는커녕 모욕과 핍박을 당하는 것도 바로 이 때문이다(마 5:11). 우리는 산상수훈의 복 있는 사람이 되려 할 때 사람들의 멸시를 피할 수 없다. 우리의 윤리를 그들에게 맞출 때에만 우리는 그들에게 존중받을 수 있으며, 그렇게 되면 우리는 복 있는 사람에 대한 예수님의 정의를 먼 뒷전으로 밀치고 만다.

예수님이 제자들에게 기대하시는 것을 편의적인 인간 윤리와 대조하시는 위대한 반박(마 5:21-48)에 이르면 한층 더 힘들어진다. 여기서 예수님은 '너희가 들었으나 나는 너희에게 이르노니'라는 반복적인 표현을 통해 그분의 나라의 법이 얼마나 엄격하며 내면적인지를 명확히 밝히신다. 간음은 물론이고 음욕도, 살인은 물론이고 미움도, 도둑질은 물론이고 탐심도 죄악이다. 이혼이 불허되고 보복이 금지되며, 친구는 물론이고 원수마저 사랑해야 한다. 그런 내용이 계속 이어진다. 우리에게 해를 입히거나 우리를 차별하는 사람도 용서받아야 한다. 우리는 세상적인 보화를 추구해선 안 된다. 판단하는 일을 포기해야 한다. 우리는 무엇을 입을지에 대해서나 어떻게 보일지에 대해 결코 염려하지 말아야 한다. 거짓 선지자들을 주의해야 한다. 그들의 이단 사설(잘못된 교리)은 사람들의 영혼에 치명적이기 때문이다(마 5:15).

산상수훈은 결코 점검표가 아니다. 그것은 본질적인 핵심이다. 그것을 점검표로 이해하더라도, 과연 누가 그 모든 요구 사항을 만족시키고 "나는 교회의 가르침과 교리를 다 지킬 수는 없지만 예수님의 윤리대로 살아간다."라고 말할 수 있겠는가? 사실상 그런 주장은 순전히 율법주의적이다. 그것은 마치 우리가 하나님 앞에 서서 이렇게 선언하는 것과 같다. "나는 내 삶과 행위에 따라, 특히 당신의 산상수훈에 대한 순종 여부에 따라 심판받길 원하나이다." 이것은 대담한 주장이며, 심지어 무모한 주장이다. 우리가 염두에 두어야 할 두 가지가 있다. 첫째, 산상수훈은 이미 제자인 자들을 고려한 것이다. 둘째, 그것에 따라 심판받으려 하기 전에, 우리는 실패가 심각한 결과를 초래한다는 것을 스스로 상기해야 한다.

### 제자들을 위한 교훈

첫째, 그 교훈은 특히 제자들을 향한 것이다. 그들은 이미 그리스도의 학교에 등록되었고 그분의 나라의 시민이 되었다. 이 사실에는 신학적 의미가 담겨 있다. 이 교훈대로 살아야 할 사람은 제자였다. 거듭나고, 자신의 죄를 사해 주신 하나님께 감사하는 마음으로 살아가며, 하나님을 경외하면서 그분의 이름을 거룩하게 하는 일에 관심을 집중하는 사람이다(마 6:9). 그런 사람들에게는 사는 것이 그리스도이시다. 그들은 그리스도와 연합되어 있다. 그리스도께서 그들 안에 사시며, 그분과의 관계가 이처럼 특별하므로 그들은 그분의 성령과도 특별한 관계에 있다. 성령이 그들 안에 거하시며 그들의 삶에 기독교적인 특성을 뚜렷이 부여하신다.

우리는 "나는 그런 신학적인 얘기를 듣고 싶지 않아. 나는 단지 기독교적인 삶을 살기 원할 뿐이야."라고 말할 수 없다. 이 '신학적인 얘기'를 체험하지 않는 한, 우리는 기독교적인 삶을 살 수 없다. 그 삶은 '영광의 왕이 죽으신 놀라운 십자가'에 대한 감사로 시작되기 때문이다. 그 십자가를 곰곰이 생각할(이는 무심결에 얼핏 보는 것 이상을 뜻한다) 때에만 우리가 이렇게 찬양할 수 있기 때문이다.

> 놀라운 사랑 받은 나
> 몸으로 제물 삼겠네.

기독교적인 삶을 사는 것이란 바로 그런 것을 뜻한다. 하나님이 갈보리 십자가에서 우리를 위하여 행하신 일에 감격하여, 우리의 전부를 그분께 드리는 것이다. 우리는 십자가를 무시할 수 없다. 속죄 교리를 거스르며 비도덕적인 것으로 여기고 거부하면서(그리스도인임을 자인하는 사람 중 다수가 그렇게 한다) 기독교적 윤리대로 살아갈 수는 없다. 무엇보다 동기 부여가 되지 않는다.

하지만 자신이 산상수훈대로 살 수 없다는 것을 너무나 고통스럽게 자각하는 사람은 제자, 곧 복 있는 사람이다. 그는 마태복음 7장 21절의 말씀을 온전히 진지하게 받아들인다. 거기서 예수님은 아버지의 뜻을 행하는 자들만 천국에 들어갈 것이라고 선언하신다. 그 문맥에서 '아버지의 뜻'은 산상수훈에 묘사된 삶의 패턴만을 가리킨다. 그 교훈은 생명으로 인도하는 좁은 길이다. "율법이 아니라 은혜!"라는 외침이 이 사실을 모호하게 만들지 못한다. 그리스도인의 마음을 가득 채우는 감사는 하늘에 계신 아버지께 영광 돌리는 삶을 살 것을 결단하게 한다(마 5:16). 하지만 그는 너무도 자주 실패하며, 자신이 실패하는 것을 알고 있다. 하지만 그는 제자이므로, 산상수훈이 그를 죄 사함의 장소인 십자가로 이끈다. 그리고 거기서 이 교리를 만난다. "그 아들 예수의 피가 우리를 모든 죄에서 깨끗하게 하실 것이요"(요일 1:7).

그러나 제자는 자신의 실패를 무시하거나 모든 그리스도인의 삶이 자신 속에 거하는 죄와 마주치기 마련이라는 사실로 대충 얼버무릴 수 없다. 그것은 그림의 일부일 뿐이다. 다른 부분은 그리스도인이 소요리문답 제87문에서 말하는 바와 같이 새로운 순종이라는 온전한 목적과 그것을 추구하는 노력으로 나아간다는 것이다. 그는 더 이상 예전 수준의 순종으로 만족하지 않는다. 새로운 동기의 이끌림을 받고 새로운 자원을 이용하여 새로운 순종을 다짐한다. 주님이 그 결심이 얼마나 강하기를 기대하시는지는 마태복음 5장 29-30절의 단호한 말씀에서 분명해진다. "만일 네 오른 눈이 너로 실족하게 하거든 빼어 내버리라…만일 네 오른손이 너로 실족하게 하거든 찍어 내버리라." 죄는 철저히 근절되어야 한다.

### 실패의 대가

둘째, 산상수훈으로 심판받기를 구하기 전에, 실패의 대가에 대해 숙고해야 한다. 그것은 반석 위에 집을 지은 사람과 모래 위에 집을 지은 사람을 대조하는 설교 끝부분에 분명히 언급되어 있다. 둘 다 설교를 들었고, 둘 다 그것을 환영한 것이 분명하다. 자비는 훌륭한 자질이고 바리새인처럼 되지 않는 것임을 둘 다 인식했다. 산상수훈의 모든 말씀은 감탄할 만한 것이다. 하지만 그 길을 걸어갈 수 있기 전에 먼저 좁은 문을 통과해야 했다. 그 문에서 우리는 많은 행낭을 버려야 한다. 또한 그 길 자체는 좁고 고적하며 우리를 어려움에 처하게 할 수도 있다. 게다가 하늘의 보화를 추구한다는 것은 이 땅의 자그마한 보화마저 잃을 수 있음을 뜻했다. 주님이 제시하신 길에 예외가 있을까? 나는 모든 원수를 사랑해야 하는 걸까? 언제나 다른 뺨도 돌려 대야 할까? 미안하다는 말을 결코 하지 않는 자들마저 용서해야 할까?

분명 산상수훈대로 사는 것은 율법주의자나 자유주의자가 생각하는 것처럼 쉽지 않다. 주님이 암시하시듯이, 산상수훈대로 사는 것보다 예언하거나 귀신을 쫓아내는 것이 더 쉽다(마 7:22). 만일 우리가 경청하고 감탄하거나 심지어 결심하는 것 이상을 행하지 않는다면, 우리는 모래 위에 집을 짓고 있는 것이며, 우리의 삶은 하나님의 심판의 홍수에 휩쓸려 갈 것이다(마 7:24-27).

여기서 우리는 주목할 만한 사실과 마주한다. 산상수훈은 엄청난 신학적 메시지를 제시한다. 예수님은 단순히 황금률을 설교하신 분이 아니다.[2] 그분은 '그날'에 모든 사람에게 영원한 운명을 지정하실 심판주이시다(마 7:21-23). 물론 우리는 더 일찍 이 사실에 대한 암시를 파악했어야 한다. 특히 예수님이 조용히 그리고 유일무이한 권위로 옛사람들의 존중을 받았던 전승을 밀치고 "너희가 들었으나 나는 너희에게 이르노니"라고 선언하셨던 내용에서 우리는 그것을 파악했어야 한다. 하지만 마태복음 7장 23절에서 그분이 주장하시는 권위는 분명하고도 놀랍다. 그

---

[2] 종종 언급되듯이, 예수님 말고도 많은 교사가 황금률을 이야기했다. 하지만 중요한 차이가 하나 있다. 예수님 이전의 교사들은 그것을 부정적인 형태로 표현했다. "너 자신에게 행해지길 원치 않는 것을 다른 사람들에게 행하지 말라."라는 것이다. 그러나 예수님은 그것을 긍정적인 형태로 표현하셨다. "무엇이든지 남에게 대접을 받고자 하는 대로 너희도 남을 대접하라"(마 7:12).

분은 바로 "불법을 행하는 자들아, 내게서 떠나가라."라고 엄숙한 최종 심판을 선언하실 주님이시다. 그분이 그것을 선언하실 뿐만 아니라, 그 심판은 그분 자신과의 관계에 근거한 것이다. "내가 너희를 도무지 알지 못하니." 그 말씀을 들었던 당시의 청취자들이 놀란 것은 이상한 일이 아니다. 이는 그 가르치시는 것이 권위 있는 자와 같고 그들의 서기관들과 같지 않았기 때문이다(마 7:29).

산상수훈은 윤리학과 신학 사이에 넓고 보기 흉한 도랑이 있다는 개념을 용납하지 않는다. 우리가 예수님이 지시하시는 대로 살려고만 하면 예수님에 대해 어떻게 생각하는가 하는 것은 중요하지 않다고 보는 개념은 더더욱 용납되지 않는다. 산상수훈은 분명히 그분께 초점을 맞춘다. 그분은 마침내 양을 염소에게서 분리해 내실 분이시다(마 25:31-46).

### 윤리를 문화에 순응시킴

끝으로, 교리들이 지배적인 문화의 호감을 얻지 못한다는 이유로 그것을 배제하는 길을 걷기 시작하면, 곧 자신이 성경 윤리에 대해서도 같은 행동을 하고 있다는 것을 알게 될 것이다. 이것은 새로운 일이 아니다. 기독교 국가가 시작된 이후로, 사회는 그리스도의 이름으로 자신들의 편견과 선호에 세례를 주어 왔다. 어떤 사회에서는 마녀 화형을 기독교 윤리의 본질적인 부분이라고 선언했고, 어떤 사회에서는 왕권의 신성함을 옹호하기 위해 그것에 호소했다. 또 어떤 사회에서는 그것을 노예 제도라는 악을 숨기는 망토로 활용했으며, 로버트 번스(Robert Burns)의 풍자시에서 홀리 윌리는 다른 사람들의 죄를 최대화하고 자신의 죄를 최소화하기 위해 그것을 개조했다.[3] 남아프리카 공화국은 기독교 국가라는 이름으로 인종 격리 정책을 시행했고, 같은 이름으로 19세기 영국은 동성애자들을 교수형에 처했다.

핵심은 윤리적 태도가 현저하게 융통성을 보인다는 것이 아니라, 우리의 기독교 윤리를 우세한 세속의 경향에 맞춰 가기가 너무도 쉽다는 것이다. 자신의 원칙이 자신에게 심각한 대가를 요구한다는 것을 갑자기 알게 된 어느 영리한 스코틀랜드인은 "도무지 구부러지지 않는 것은 가련한 양심뿐이다."라고 말했다. 그럴 때 도덕은 당대의 사회 관습이나 풍습과 쉽게 혼동된다.

기독교 교리에 대한 아돌프 폰 하르나크의 거부감에 대해서는 앞에서 언급한 바 있다. 그의 주장에 따르면, 교회는 하나님이 보편적 아버지이심과 사람들이 보편적 형제임을 설교하는 것으로 만족해야 한다. 하지만 1914년 8월 1일, 제1차 세계 대전이 발발했던 바로 그날에 하르나크는 몇몇 저명한 신학자들과 함께 93명의 독일 지성인의 일원으로서 카를 바르트(Karl Barth)가 '끔찍한 성명'이라고 지칭한 것을 발표했다. 그 성명에서 그들은 독일 제국 황제 빌헬름 2세(Wilhelm II)의 전쟁 정책을 지지했다.[4]

---

[3] Robert Burns, 'Holy Willie's Prayer,' in *The Canongate Burns: The Complete Poems and Songs of Robert Burns* (Edinburgh: Canongate Books, 2001), pp. 557-560.

[4] Eberhard Busch, *Karl Barth: His life from letters and biographical texts*, trans. John Bowden (Eugene: Wipf and Stock, 2005), p. 81.

하르나크 문하에서 수학했던 바르트에게 그것은 마치 신들의 황혼과 같았다. 그가 존경했던 스승들이 독일 문화에 충성함으로써 그들의 신학이 한순간에 사라졌다. 바르트는 도덕과 정치는 부단히 현실과의 타협을 강요받으며, 따라서 그 자체로는 구원하는 힘을 갖지 못한다는 것을 깨달았다.[5]

오늘날 기독교적 양심, 특히 교회적 양심은 백 년 전에 바르트를 그토록 비통하게 했던 현실과 타협하며 그때처럼 줄곧 쉽게 구부러진다. 사실상 이제 교회는 주님과 사도들의 음성에 너무나 무관심해져서 19세기의 급진적 현대주의자들은 물론이고 1960년대의 상황 윤리 지지자들에게도 충격을 줄 정도이다.[6] 교회가 그 누구도 자신의 성적 성향 때문에 시민권을 거부당하면 안 된다는 주장을 지지했을 때, 그것이 그들의 신앙 원칙에 대한 적법한 해석이었다. 동성애가 성경적인 가르침과 완벽하게 양립될 수 있다는 개념을 지지하기 시작했을 때, 그들은 믿음과 이성을 모두 부정하는 세속 윤리에 직면하여 달아나고 있었다.

현대의 개신교는 더 이상 자신을 개혁의 후예로 보지 않고 계몽의 후예로 본다. 그렇다면 현대의 개신교는 계몽주의의 거두 이마누엘 칸트가 했던 말을 기억해야 한다. "지혜로워지기를 두려워 말라."

지혜는 결코 흐름에 편승하지 않는다.

---

[5] Ibid, p. 84.
[6] Joseph Fletcher, *Situation Ethics: The New Morality* (London: SCM Press, 1966).

# 10

## 경험으로의 도피

기독교에 대한 지적 공격을 피할 곳을 찾는 신자들은 그러한 공격이 닿지 않는 은신처를 찾는 것이 어렵지 않다는 것을 분명히 알게 되었다. 확실성의 가능성 자체에 대한 철학적 공격에 직면하여 그들은 믿음과 지식의 구별을 통해 피신처를 발견했다. 믿음은 어떤 확실한 지식에 근거하지 않더라도 확실했다. 또한 역사적 회의론에 직면하여 그들은 기독교란 믿음 체계가 아니라 복음의 실제적 정확성과 상관없이 참되고 유용한 가치에 근거한 삶의 방식이라는 발견에서 피신처를 찾았다. 그 가치들은 역사적인 예수 없이도 소중할 수 있다는 것이다.

그러나 또 다른 은신처도 있다. 우리는 종종 종교는 머리의 문제가 아니라 마음의 문제이며 신조가 아니라 경험이라는 말을 듣는다. 그 누구도 우리에게서 경험을 빼앗지 못하기 때문에 여기서 우리는 안도감을 느낄 수 있다. 이 입장은 '듣는 것보다 느끼는 것이 더 좋다.'라는 오래된 스코틀랜드 격언에 요약되어 있다. 또한 정통주의적 교리로 구원을 가르치는 개신교의 한 형태에 반발했던 18세기 경건주의 일파 모라비아 형제단의 신앙에도 반영되어 있다. 그러한 경건주의의 중심에는 유명한 모라비아 형제단의 지도자였던 친첸도르프(Nikolaus Ludwig von Zinzendorf) 백작이 피력했던 것과 같은 정서가 놓여 있다. "나는 그것이 참임을 알고 있다. 그러하다는 것을 내 마음이 내게 말한다."

분명 이것은 기독교의 믿음을 이마누엘 칸트(Immanuel Kant)나 루돌프 불트만(Rudolf Bultmann)의 손이 닿는 곳 너머에 둔다. 하지만 그 대가는 무엇일까? 우리의 마음은, 예컨대 그리스도께서 죽은 자 가운데서 살아나셨는지를 우리에게 알려 주지 않는다. 그런 지식 없이는 그분을 믿는 것이 불가능할 것이다. 우리가 그런 지식을 얻을 수 있는 유일한 방법은 사도들의 증언을 통하는 것이며, 그 증언은 모든 철학자가 면밀히 검토할 수 있고 모든 역사가가 상세히 살필 수 있는 것이다. 그렇다면 우리에게는 우리의 믿음을 위해 비평이 미치지 못하는 곳을 모색할 권한이 없다. 감정을 유발하는 것은 믿음이었고 또한 믿음이지만, 믿음은 감정의 산물이 아니라 사실들의 산물이었다. 이 사실들은 공개된 것이고, 모든 열정적인 학자와 모든 냉소적인 10대도 그 사실들에 대한 견해를 피력할 권한을 지니고 있다. 우리는 우리의 신념에 대한 면책 특권을 주장함으로써 생존하지 못한다. 인간적으로 말하자면, 우리는 복음을 옹호함으로써(빌 1:16), 그리고 우리의 소망에 대한 이유를 제기함으로써(벧전 3:15) 생존할 수 있다.

### 머리는 마음에 반하는가?

잠시 멈추고, 종종 언급되는 머리와 마음의 구별에 대해 잠시 생각해 보자. 머리는 차가운 명제적 지식과 관련된 기관일 뿐인 반면에 마음은 따뜻한 정서나 감정과 관련된 기관이며 우리가 자신의 마음을 따르기만 하면 만사 오케이라는 개념을 성경이 허용할까?

이와 관련한 핵심 성경 본문 중 하나가 창세기 6장 5절이다. "여호와께서 사람의 죄악이 세상에 가득함과 그의 마음으로 생각하는 모든 계획이 항상 악할 뿐임을 보시고." 여기서 주목할 것은 마음과 지성이 연결된다는 점이다. 생각하고 인식하며 계획하는 것은 마음이다. 우선 이 말씀은 대홍수 전 세대에 대한 언급이다. 세속적인 일에서 그들은 창의적인 혁신가들이었다. 그들은 도시를 건설하고, 목축을 도입하고, 악기를 발명했으며, 청동과 철을 다루는 일에 있어 숙련된 장인이 되었다. 하지만 윤리적, 영적 영역에서 그들의 생각은 악하기만 했다. 그들은 부패하고 난폭하며 성적으로 문란했다. 이 모든 것은 그들의 생각에서 비롯되었고, 그러한 생각은 그들의 마음에서 왔다.

우리는 이 패턴을 성경에서 거듭 발견한다. 예를 들어 이사야 6장 9절에서, 사람들이 선지자의 메시지를 이해하지 못하는 것은 마음이 둔해졌기 때문이다. 예레미야 17장 9절에서, 만물보다 거짓되고 심히 부패한 것은 마음이다. 마태복음 15장 19절에서, 주님은 이르시기를 악한 생각과 살인과 간음과 음란과 도둑질과 거짓 증언과 비방 등이 마음에서 나온다고 하신다.

이것은 공식적인 과학적 심리학에서 다루어지는 것이 아니다. 성경에서 머리와 마음을 이처럼 연결시켜 언급하는 것은 순전히 은유적이며, 이와 유사한 용례는 인간 문화 전반에 걸쳐 나타난다.

생각하는 것은 머리도 아니고 마음도 아니다(이 둘이 없이는 우리가 생각할 수 없지만 말이다). 느끼고 사랑하며 선택하는 것은 인격, 곧 전인이다. 우리의 감정과 정서는 우리의 생각과 인식만큼이나 무질서하다. 우리 인격의 이러한 여러 측면 간의 정확한 관계는 복잡하며 파악하기 힘들다. 분명한 것은 인간의 그 어떤 부분도, 머리도 마음도, 죄의 영향에서 벗어나 있지 않다는 것이다.

### 문자와 영

지성을 배제하고 감정의 역할을 중시하려는 사람들이 제시하는 것은 머리와 마음의 구별만이 아니다. 흔히 그들은 문자와 영의 구별도 활용한다. 얼핏 보기에 이것은 "율법 조문은 죽이는 것이요 영은 살리는 것이니라."라고 한 사도 바울의 지지를 받는 것 같다(고후 3:6). 언젠가 J. G. 메이천(J. G. Machen)이 이를 성경에서 가장 자주 오용되는 내용이라고 기술했다.[1] 분명 이것은 성경 구절이 철저히 비성경적인 체계를 지지하는 데 사용될 수 있는 방식을 보여 주는 한 예이다.

바울은 한순간도 성경의 문자적인 역사적, 문법적 의미가 죽음을 초래한다거나 더 깊은 어떤 영적 의미를 위하여 그것이 무시되어야 한다고 시사하지 않는다. 언제나 역사적 기독교 신학의 교리보다 더 중시되어야 하는 '기독교의 영'이나 '예수의 영'이 있음을 시사하지도 않는다. 메이천의 글을 다시 인용하면, 분명히 바울은 우리가 항상 하나님의 율법을 너무 믿지 말고 그것의 '정신'에 따라 행해야 한다고 시사하지 않는다.

바울이 대조시키는 것은 성경의 문자적 의미와 영적 의미가 아니라 두 시대, 곧 율법의 시대와 영의 시대이다. "…하면 살리라."라고 말하는 율법이 죽음을 초래하는 것은 율법 자체의 결함 때문이 아니라 그것이 육신으로 말미암아 약해졌기 때문이다(롬 8:3). 달리 말해서 인간은 율법의 기준을 만족시킬 수 없기 때문에 율법의 무서운 선고를 받게 된다.

---

[1] J. Machen, *What Is Faith?* (London: Hodder and Stoughton, 1925), p. 187.

"무릇 율법 행위에 속한 자들은 저주 아래에 있나니 기록된 바 누구든지 율법 책에 기록된 대로 모든 일을 항상 행하지 아니하는 자는 저주 아래에 있는 자라 하였음이라"(갈 3:10). 여기서 강조하는 메시지는 분명하다. '율법주의는 죽게 한다.' 율법이 죽게 하는 이유는 그것이 인간의 모든 도덕주의처럼, 원칙을 제시하며 중대한 명령들로 압박할 수 있지만 순종을 보장할 힘을 지니고 있지 않기 때문이다. 그렇다면 바울이 율법과 대조시키는 것은 무엇인가? 율법의 '정신'이 아니라 '성령'이다! 성령은 생명을 주시며, 우리 내면에서 역사하시고, 우리 존재의 핵심을 변화시키시고, 조명과 능력을 주시고, 우리의 눈을 열어 주님의 영광을 보게 하시며(고후 3:18), 또한 하나님의 의를 받아들이도록 우리를 인도하신다. 하나님이 요구하시는 의가 아니라 그분이 주시는 의다(빌 3:9).

바울이 문자와 영을 대조하는 것은 신학과 교리에 대한 확신을 훼손하기 위함이 아니라 오직 믿음으로 의롭다 함을 받는다는 가장 복음주의적인 교리로 우리를 이끌기 위함이다. 우리의 고질적인 율법주의를 버리고 우리를 대신하여 정죄당하신 그리스도를 믿음으로만 우리는 생명과 자유를 경험할 수 있다.

### 신학과 경험

머리와 마음, 그리고 문자와 영의 대조를 배제한다면, 믿음과 감정, 신학과 경험의 참된 관계에 대해 우리가 말할 수 있는 것은 무엇일까?

무엇보다도 우리는 기독교의 제자도는 언제나 경험을 수반한다고 말할 수 있다. 그것은 기본적으로 하나님의 구원하시는 능력에 대한 경험이다 (롬 1:16). 우리는 거듭남, 회개, 그리고 성령으로 충만해짐을 경험한다. 우리는 시험과 실패로부터 회복과 평안한 양심과 영광의 소망에 이르는 과정에서, 하나님의 사랑에 대한 확신을 경험한다. 이러한 경험은 얼마든지 나열할 수 있다. 깊은 수렁에 있는 순간에도, 시편 기자처럼 "하나님이 어찌 알랴 지존자에게 지식이 있으랴"(시 73:11) 하고 부르짖는 순간에도 우리는 기도 응답을 경험한다.

둘째, 모든 기독교적 경험은 지식과 확신은 물론이고 감정과 느낌을 수반한다. 하나님의 임재 가운데서의 경외심, 우리를 사랑하신 분을 향한 사랑, 우리 죄와 허물에 대한 슬픔, 만족, 열심, 그리고 무엇보다도 기쁨을 수반한다. 이 기쁨은 죄 사함에 대한 기쁨, 영광의 소망에 대한 기쁨, 하나님이 존재하시는 것에 대한 기쁨, 그리고 하나님이 자신의 행복을 우리와 공유하기 원하신다는 사실에 대한 기쁨이다.

셋째, 복된 경험과 마음을 따뜻하게 하는 감정을 추구하는 것이 그리스도인의 최우선적인 관심사여서는 안 된다. 17세기 고전 헨리 스쿠걸(Henry Scougal)의 『인간의 영혼 안에 있는 하나님의 생명』(*The Life of God in the Soul of Man*)에서도 말하듯이, 이 유혹은 매우 실제적이다. 스쿠걸은 이렇게 썼다. "어떤 사람들은 모든 신앙을 감정과 열광적인 마음과 황홀경과 결부시킨다. 그들이 목표로 삼는 것은 오직 열정적으로 기도하고 즐거이 천상을 생각하는 것이며, 또한 자신이 하나님을 열렬히 사랑하고 있음을 자신에게 납득시켜 자신의 구원을 굳게 확신할 때까지 구주께 호소하는 다정하고 감상적인 표현에 감동을 받는 것이다. 그들은 이것을 으뜸가는 기독교적 은혜로 여긴다."[2]

이처럼 느낌과 감정에 몰두하는 경향은 지금도 여전하다. 여전히 어떤 이들은 '축복 받는 것'을 교회에 나가는 주된 이유로 여긴다. 그들이 "난 아무것도 얻지 못했어."라고 말하는 것은 그들의 마음이 따듯해지지 않거나 정서적으로 감동을 받지 않았음을 뜻한다. 물론 예배는 종종 깊은 감동을 경험하는 것일 수 있으며, 설교는 생각만이 아니라 (설교자 자신의 감정을 포함하여) 감정도 고려한 것이어야 한다.

그러나 감동은 언제나 환영받는 것이지만, 결코 감정이 주된 것일 순 없다. 주님이 친히 밝히셨듯이, 그리스도인 제자가 갈급해하는 것은 복 받는 것이 아니라 의이다(마 5:6).[3] 그는 의를 추구할 때에만 복을 받을 것이다. 인류가 생각하기 시작한 이후로 거듭 강조되어 온 행복 추구는 자멸에 이르게 하는 것이다. 그것은 언제나 다른 어떤 무언가에 부수적이다. 복 있는 사람은 하나님, 그리고 자기 이웃(*proximus*, 불가타 성경은 '이웃'에 해

---

2) Henry Scougal, *The Life of God in the Soul of Man; or the Nature and Excellency of the Christian Religion* (1677, Reprinted with Bishop Burnet's original Preface, Aberdeen: John Rae Smith, 1892), pp. 40-41. 스쿠걸(Henry Scougal)은 또한 종교를 정통적인 견해를 유지하고 외적 의무들을 수행하는 일에 지나지 않는 것으로 격하시킬 위험에 대해서도 경고한다는 점을 덧붙이는 것이 공정할 것이다.
3) D. Martyn Lloyd-Jones, 'Righteousness and Blessedness,' in *Studies in the Sermon on the Mount*, 2 vols., vol. 1 (London: Inter-Varsity Fellowship, 1959), pp. 73-83. 거기서는 "우리는 경험을 갈급해하면 안 된다. 우리는 복을 갈급해하면 안 된다. 만일 우리가 진정으로 행복하며 복 받기를 원한다면, 의를 갈급해해야 한다. 복이나 행복이나 경험을 우선시하면 안 된다."라고 경고한다.

당하는 헬라어를 '제일 가까운 사람'이라는 의미를 갖는 이 라틴어로 번역하고 있다. 이는 내 이웃이 나와 가까이 있는 사람임을 뜻한다)과의 올바른 관계에서 행복을 찾는다.

넷째, 감정이 결코 제자도의 시금석일 수 없다. 감정 자체는 올바르지도 그릇되지도 않다. 그것이 올바른지의 여부는 무엇이 그것을 유발하는지에 달려 있다. 마조히스트는 고통을 통해 기쁨을 느끼며, 사디스트는 남에게 고통을 줌으로써, 자본주의자는 돈에서, 주정뱅이는 술에서 기쁨을 느낀다. 심미주의적인 그리스도인은 교회 음악이나 예배당의 웅장함이나 드라마틱한 예배 의식에서 기쁨을 얻는다. 마음 밭의 흙이 얕은 자는 천국 메시지를 기쁨으로 받지만, 그 기쁨이 깊지 않다. 귀신들도 믿고 떨지만, 그 감정이 실제적이며 깊을지라도, 그것은 경건의 표현이 아니다.

반면에 엘리야나 윌리엄 쿠퍼(William Cowper) 같은 사람들은 자신에 대해 낙심했지만 하나님과 올바른 관계를 유지했다. 존 웨슬리(John Wesley)에게 일어난 '이상하게 뜨거워지는 경험'은 아주 근사했지만 오래가지 못했다. 그래도 그는 그것을 잃은 후에도 그것을 지녔을 때만큼이나 하나님과 가까웠음을 깨닫게 되었다.

경험은 결코 기독교적인 믿음의 원천이나 시금석일 수 없다. 감정은 우리가 알아야 할 필요가 있는 것을 말해 주지 못하며, 우리가 안다고 생각하는 것이 옳음을 보장해 주지도 못한다. '듣는 것보다 느끼는 것이 더 좋다.'라는 스코틀랜드 격언이 있지만, 예수님이 우리의 죄를 속하기 위해 피 흘리신 하나님의 아들이심을 알게 되는 것은 우리의 감정을 통해서가 아니다. 그리스도께서 죽은 자 가운데서 살아나셨음을 친첸도르프 백작이 알게 된 것은 자신의 마음을 통해서가 아니었다. 그 특성상, 이 신비들은 이성이나 감정적 안테나를 통해 알 수 없다. 사도들마저 계시를 통해 그런 지식을 얻을 수 있었다(갈 1:12). 우리가 그것을 소유하는 것은 사도들이 그것을 우리에게 전해 주었기 때문이다(고전 15:3).

믿음은 진리의 원천이 아니라 우리로 하여금 그것을 얻게 해 주는 매체일 뿐이다. 우리는 믿음을 살펴서 무엇을 믿는지, 그리고 왜 믿는지를 알아낼 수 있다. 하지만 우리가 믿는 믿음은 믿음 자체가 아니라 들음을 통해 생겨난 것이다. 믿음은 우리에게 알려지신 하나님을 신뢰하며, 그 지식의 원천은 믿음 자체가 아니라 하나님이 우리를 축복하시는 도구인 자기 계시이다.

### 프리드리히 슐라이어마허

경험에 매달리는 것이 유럽 시골 농부의 경건주의에 국한된다고 생각하는 것은 잘못일 것이다. 종종 현대 자유주의 신학의 시조라 언급되는 프리드리히 슐라이어마허(Friedrich Schleiermacher)도 경험을 기독교적 진리의 원천과 기준으로 내세웠다. 모라비아 경건주의 환경에서 자란 슐라이어마허는 젊은 학창 시절에 그것에 등을 돌렸으며, 처음에는 할레 대학교에서, 그다음에는 새로 설립된 베를린 대학교에서 신학 교수가 되었다. 당대의 걸출한 지성인 중 한 명이자 설득의 달인이었던 슐라이어마허는 이마누엘 칸트(Immanuel Kant)의 『순수 이성 비판』(Critique of Pure Reason)에 깊은 인상을 받았다. 이성이 하나님과 보이지 않는 세계에 대한 지식을 제공하지 못한다는 핵심 개념에서 특히 그러했다. 그는 신학이 이 개념과 타협을 보아야 한다고 믿었다. 그는 신앙심이 깊었지만, 동시에 19세기 독일의 '종교를 멸시하는 교양인들', 철학자들, 시인들과 과학자들에게 다가가려는 열정도 지녔다. 고린도전서에서 바울이 경고했던 바와 같은, 소위 지혜로운 자들의 취향에 복음을 맞추고자 하는 생각이었다.

이러한 과정에서 두 가지 과제가 대두하였다. 하나는 신앙을 과학적인 기초 위에 두는 것이었으며, 또 하나는 우리가 현대인과 신앙인 둘 다가 될 수 있음을 설명하는 것이었다.

슐라이어마허는 자신이 신앙이나 경건 자체의 특성이라고 보았던 것에서 과학적 근거를 발견했다. 그는 신앙의 본질은 아는 것이나 행하는 것에 있지 않고 느끼는 것, 특히 절대적 의존감에 있다고 주장했다. 물론 그는 이 땅에 존재하는 모든 것이 하나님께 의존함을 인정했지만, 그것을 느끼고 자신이 하나님과의 관계 속에서 존재하는 존재임을 의식할 수 있는 것은 인간에게만 주어진 역량이라고 보았다. 자의식은 하나님에 대한 의식을 수반한다. 이 느낌은 사람과 문화에 따라 다르지만, 우리가 전능자 없이는 (그리고 그분의 임재 가운데서) 무기력함을 느낀다는 것은 인간 본성에 내재된 사실이다. 이 느낌은 우리의 모든 행동과 우리의 존재 전체에 수반되는 것이다. 하지만 그것은 사전 지식을 통해 만들어지는 느낌이 아니다. 인간이 지닌 하나님 개념은 의존감 자체에 주어져 있는 것이다.

얼핏 보기에, 이것은 존 칼빈(John Calvin)의 신(神) 의식 교리를 반영하는 것 같다. 그가 말한 신 의식이란 모든 인간의 마음속에 자리 잡고 종교의 씨앗을 제공하는 것이다.

하지만 결정적인 차이가 있다. 칼빈은 그것을 자신의 개념으로 제시하지 않았다. 그는 의식적으로 성경의 가르침을 끌어왔다. 특히 하나님의 영원한 능력과 신성에 대한 지식이 모든 인간의 마음에 새겨져 있다는 것을 밝히는 사도 바울의 메시지를 끌어왔다(롬 1:20). 더욱이 칼빈이 온 세상의 종교를 싹트게 하는 씨앗이라고 규정한 것은 어떤 감정이 아니라 이 지식이었다.

그는 이 지식과 그것에서 비롯되는 신 의식이 인간 본성의 자연적이며 자율적인 속성이 아니라 신적 은혜의 선물이라고 보았다. 하나님이 친히 심으신 씨앗이라는 것이다. 우리가 하나님의 보이지 않는 속성들을 알지만(롬 1:20), 우리가 아는 것은 하나님이 친히 그것들을 우리에게 보여 주셨기 때문이다. 그분이 보여 주신 것은 우리 자신에 대한 진리, 즉 우리가 의존성을 지니고 있다는 진리가 아니라 그분 자신에 대한 진리, 즉 그분의 영원한 능력과 하나님 되심에 대한 진리이다.

그러나 슐라이어마허와 칼빈의 가장 중요한 차이는 후자가 인간의 신 의식을 결코 경건의 충분한 기초를 제공하는 것으로 보지 않는다는 것이다. 수많은 경우에서 그 종교의 씨앗이 산출하는 것은 경건이 아니라 우상 숭배다. 칼빈은 경건이 우리가 본성적으로 아는 것 이상을 필요로 한다고 강조한다. 그것은 전적으로 주권적인 하나님의 은혜의 신비를 알게 하는 특별 계시의 말씀을 필요로 한다. 우리가 성경에서 얻는 것이 바로 이것이다. 하나님이 세상 죄를 속하기 위해 자신의 아들을 보내셨다는 소식을 인류가 접할 수 있게 하는 것은 오직 하나님의 말씀뿐이다(요일 2:2, 4:10).

칼빈의 조직신학서 『기독교 강요』(The Institutes of the Christian Religion)가 여러 세기에 걸친 보편적 전승과의 소통을 통해 편찬된 성경의 가르침을 진지하게, 그리고 이해하기 쉽게 요약하고자 했던 것도 바로 이 때문이다. 반면에 그것에 상응하는 슐라이어마허의 『기독교 신앙』(The Christian Faith)은 성경이 하나님을 아는 지식의 유일한 원천이자 기독교 신학의 유일한 기준이라는 개념을 거의 받아들이지 않는다. 슐라이어마허의 관점에서 계시는 절대적 의존감을 자극하거나 고조시키는 모든 섭리적 상황이다. 이런 맥락에서 신학의 임무는 이 의존감을 반영하는 것이고, 경건한 자들의 자의식을 연구하는 것이며, 또한 그들의 감정과 느낌을 말로 표현하는 것이다.

이러한 입장으로부터 두 가지 결과가 따른다. 첫째, 신학은 인류학이 된다. 하나님에 대한 탐구이기보다는 인간의 감정 상태에 대한 탐구이다. 둘째, 그러한 종교는 교의를 갖지 않는다. 기독교 신앙은 더 이상, 비행기 조종사들이 공기 역학의 법칙을 믿듯이, 사람들이 자신의 영혼을 의탁하는 진리 체계가 아니다. 따라서 역사적 기독교의 핵심 교리들은 경건의 가장자리로 간단히 밀려날 수 있다. 유지될 필요가 있는 교리들은 의존감 속에 내재된 것들뿐이다.

예컨대 삼위일체 교리는 부록적인 것으로 간주되어야 하는데, 이는 그것이 감정과 희미하게 연결될 뿐이기 때문이다. 창세기의 우주 생성론, 그리스도의 동정녀 탄생, 그분의 몸의 부활, 승천, 재림과 같은 교리들은 설득력이 약하다. 그리고 구속 개념은 재규정되어야 한다. 구속의 필요성이 인간의 자의식 속에 분명히 뿌리 내리고 있지만, 더 이상 그것은 죄와 저주로부터의 구속을 뜻하지 않는다. 대신에 그것은 절대적 의존감을 방해하는 모든 것으로부터의 구속을 뜻한다. 그리스도의 사역도 이 의존감과 연관되어 규정된다. 그분 안에서 하나님에 대한 의식이 절대적으로 완벽하게 존재하며, 그분이 그분 자신의 하나님 의식 속으로 신자들을 이끄심으로써 구속하신다. 그리스도께서 그분의 피로 우리를 구속하셨다고 하는 교리(계 1:5)는 교양 있는 종교 경멸자들을 얻기 위해 조용히 배제된다.

슐라이어마허 이후 세기에, 자유주의 신학은 알브레히트 리츨(Albrecht Ritschl)이나 아돌프 폰 하르나크(Adolf von Harnack)와 같이 영향력 있는 인물들을 통해 더욱 진전하였으나, 이 진전 과정 전반에 걸쳐 '명제 신학' 함양이 거의 불신앙에 가깝다고 하는 개념을 결코 단념하지 않았다. 이 태도가 복음주의에 영향을 미치지 않는다고 보는 건 순진한 생각일 것이다. 당신이 소요리문답을 추천하는 말을 한마디만 해 봐도 많은 신자가 믿음의 위대한 교리들과 친숙해져야 한다는 개념을 얼마나 불편해하는지 알게 될 것이다. 그들은 성경만으로 충분하다고 말하지만, 교회의 선교 메시지에 담긴 초보적인 교리라는 '젖'을 넘어 그리스도의 제사장직이나 멜기세덱의 신비와 같은 신학적으로 '단단한 음식'으로 나아갈 것을 촉구하는 것이 바로 그 성경이다(히 5:12-6:2). 우리는 계시 앞에서 "미안하지만 나는 관심이 없어. 나는 이것을 알 필요가 없어."라고 말할 자유가 없다.

지적 넓이와 깊이와 엄격함에서, 슐라이어마허의 글은 그의 성장 배경이었던 모라비아주의를 넘어선다. 하지만 본질적인 면에서, 우리는 마음이 우리에게 알려 주는 것만 알며 우리가 확신하는 이유는 '마음이 내게 그렇게 말해 주기 때문이다.'라는 원칙은 여전히 동일하다. 그러나 한 가지 중요한 차이점이 있었다. 친첸도르프의 마음은 그에게 슐라이어마허의 마음이 말해 주지 않은 것을 말해 주었다. 그것은 성경이 하나님의 말씀이라는 것과 성경이 마음만으로는 결코 제공할 수 없는 지식의 원천이라는 것이었다.

이 원천으로부터 단절됨으로써, 모든 경건주의자와 모든 교부와 모든 종교 개혁가가 당연시했던 교리들이 자유주의 개신교 학교는 물론이고 유럽의 설교 강단과 그 교회 구성원들의 믿음과 삶에서 사라졌다. 의존감이라는 마음만으로는 최소한의 교과 과정을 제시할 수 있을 뿐이었고, 십자가의 교리가 맨 먼저 배제되었다. 그 교리는 바울이 너무도 중요시한 것이다. 슐라이어마허의 『기독교 신앙』에는 십자가 교리가 색인에도 나오지 않는다.

찰스 하지(Charles Hodge)나 카를 바르트(Karl Barth) 같은 다양한 신학자들은 슐라이어마허의 신학을 심히 비판하면서도 그에 대해 온화하게 말한 것으로 기록되어 있다. 1827년 베를린에서 하지는 슐라이어마허의 설교를 들었으며, 그 자신의 경험과 독일에 있는 그의 복음주의 친구들의 증언에 기초하여, 여러 해 후에 자신이 '그리스도의 독실한 경배자'임을 선언했다. 이는 슐라이어마허의 모라비아주의적 배경의 일부가 그의 생애 전반에 걸쳐 그와 함께하였음을, 그리고 그것이 슐라이어마허의 설교를 통해 얻은 것임을 뜻할 수 있다.

하지만 에드워드 어빙(Edward Irving)의 작고 소식을 듣고 로버트 맥체인(Robert McCheyne)이 한 말을 인용할 필요가 있다. "이제 그는 하나님과 구주와 함께한다. 내가 보기에 그는 자신이 그토록 큰 잘못을 범했던 하나님과 구주를 너무도 신실하게 사랑했다."[4]

분명 슐라이어마허는 기독교 신앙을 회의적인 철학자들과 역사가들의 비판으로부터 안전해 보이는 위치에 두었지만, 그것을 '다른 복음'으로 전락시키는 대가를 수반했다(갈 1:6). 그 교의들이 제거됨으로써, 그것은 그의 승계자들을 통해 신약성경과 보조를 맞추기보다 지배적인 문화와 보조를 맞추는 데 더 관심을 갖는 혼합 인도주의가 되었다. 이로 인한 모순된 결과는, 교양 있는 종교 경멸자들을 얻기 위해 설계된 일이 개신교 교회를 텅 비게 하는 데에만 성공한 것이었다.

---

4) 어빙(Edward Irving)은 그리스도의 인성이 다른 인간들에게서 발견되는 것과 같은 죄성을 지녔으며 다만 성령의 능력으로 그 죄성이 억제되었다고 가르쳤다는 이유로 1833년에 스코틀랜드 교회의 목사직을 박탈당했으며 1834년에 작고했다.

### 믿음은 경험을 유발한다

교리와 감정의 자연적인 관계는 감정이 교리들을 유발하는 것이 아니라 교리들이 감정을 (그리고 선한 기독교적 행위를) 유발한다는 것이다.[5] 우리가 성경에서 발견하는 것이 바로 이것이다. 인식이 감정으로 이끈다.

몇 가지 예를 인용해 보자. 하나님의 거룩하심에 대한 인식이 겸손으로 이끈다(사 6:5; 시 32:3-4). 이신칭의 교리가 우리에게 평안을 준다(롬 5:1). 하나님이 우리의 죄를 속하기 위한 희생 제물로 자신의 아들을 선물로 주셨다는 사실은 우리로 하여금 하나님을 사랑하게 한다(요일 4장). 재림과 부활에 대한 말씀이 슬픔 중에 있는 우리에게 위로가 된다(살전 4:18). 우리에게 위대한 대제사장이 계시다는 지식은 우리를 하나님의 보좌 앞에서 담대하게 한다(히 4:14-16). 하나님 아버지의 돌보심에 대한 지식은 불안을 누그러뜨린다(마 6:32). 우리의 수고가 주님 안에서 헛되지 않다는 지식은 열심을 낳는다(고전 15:58). 우리가 하나님의 자녀라는 지식은 하나님이 깨끗하심과 같이 우리 자신을 깨끗하게 한다(요일 3:3). 하나님의 위대하심에 대한 지식은 승리를 확신하게 한다(시 95:1-7).

하지만 이 중 그 어떤 것도 느낌과 감정이 지성과 인식보다 덜 중요함을 뜻하진 않는다. 성경적 심리학에는 그런 평가를 내릴 여지가 없다. 감정이 없는 지식은 메마를 것이다. 조나단 에드워즈(Jonathan Edwards)는 이

---

[5] 만일 콜럼버스(Christopher Columbus)가 지구가 평평하지 않고 둥글다고 하는 새로 발견된 학설을 믿지 않았다면 역사적으로 유명한 그의 항해는 결코 시작되지 않았을 것이라는 점에 주목할 필요가 있다.

렇게 썼다. "인간의 본성을 지으신 분은 사람들에게 감정을 주셨을 뿐만 아니라 그것이 인간의 행위의 원천이 되게도 하셨다. …인간의 본성이 그러한 것이어서 사랑이나 미움, 열망, 기대, 두려움 또는 다른 어떤 감정의 영향을 받지 않고는 인간은 매우 비활동적일 것이다."[6] 에드워즈가 강조하듯이, 설교자가 생각을 일깨울 뿐만 아니라 감동도 일으키는 메시지를 제시해야 하는 것도 바로 이 때문이다.

또한 우리는 지식과 경험의 관계가 일방적인 것이 아니라는 것을 명심해야 한다. 감정이 진리를 만들어 내지는 못하지만, 진리에 대한 탐구를 자극할 수는 있다. 모든 복음주의자는 이미 언급했던, 1738년 5월 24일에 런던 올더스게이트 모임에서 있었던 존 웨슬리(John Wesley)의 경험에 친숙할 것이다. 그는 "내 마음이 이상하게 뜨거워지는 것을 느꼈다."라고 기록해 놓았다.[7]

그 이후 많은 사람이 그런 경험을 갈망해 왔지만, 우리는 그 뜨거워짐이 아무 연고 없이 갑자기 임한 것이 아니었음을 기억해야 한다. 그것이 임한 이유는, 그 모임의 어느 시점에 누군가가 루터(Martin Luther)의 로마서 주석 서문을 읽고 있었기 때문이었다.

웨슬리는 그 모임에 마지못해 참석했다. 자신의 우둔함과 냉랭함, 그리고 자주 죄에 빠져드는 무력감을 한탄하며 영적 번민의 상태에 있었던 것이 분명하다. 그는 자기 나름의 방법에 따른 신앙에 의존하고 있었고 빌

---

6) Edwards, *Affections*, p. 29. (원서에 출판사 및 출판 연도 정보가 기재되어 있지 않다-편집자 주.)
7) *The Journal of the Rev. John Wesley, A. M.*, vol. 1 (London: Robert Culley, 1909), pp. 475-476.

립보서 3장 8-9절에 묘사된 것과 같은 그리스도의 의에 대해 여전히 무지했다. 하지만 바로 그 번민 때문에 구원을 찾고 있었고, '하나님의 은혜에 대한 살아 있는 담대한 확신'을 강조하고 있는 루터의 서문에서 그것을 발견했다.

루터는 이렇게 말했다. 우리는 육신이 죽지 않았으므로 여전히 죄인이지만, "우리가 그리스도를 믿고 성령의 인도하심을 받기 때문에, 하나님은 우리에게 너무나 자애롭고 은혜로우셔서 우리의 죄를 세거나 그 죄로 인해 우리를 심판하지 않으실 것이다. 오히려 하나님은 죄가 도말될 때까지 그리스도를 믿는 우리의 믿음에 따라 우리를 대하신다."[8] 웨슬리의 마음을 뜨겁게 한 것이 바로 이 교리, 그리스도를 믿는 믿음으로 의롭다 함을 받는다는 교리였다. 그 감정이 사라진 후에도 그 교리는 여전히 참된 것이었다.

우리는 부활절 아침에 엠마오로 가던 두 제자의 이야기에서 똑같은 상황을 발견한다(눅 24:13-35). 그들이 살아나신 주님을 처음 만났을 때에는 슬퍼하고 있었다(눅 24:17). 낙심하고 완전히 의기소침한 상태였다. 그들의 모든 소망이 예수님과 함께 무덤에 묻혔다. 예수님과 대화한 후에는, 그들의 마음이 뜨겁게 불타올랐고, 곧바로 걸음을 돌이켜 11킬로미터가 넘는 거리의 예루살렘으로 되돌아가서 열한 제자에게 그 소식을 알렸다(그들이 도착했을 때에는 제자들도 이미 알고 있었다).

---

[8] *Luther's Works*, vol. 35, p. 370. (원서에 출판사 및 출판 연도 정보가 기재되어 있지 않다-편집자 주.)

그들의 태도를 극적으로 변하게 한 것은 무엇일까? 두 가지다. 첫째, 주님이 살아나셨다는 사실이며, 둘째, 주님이 성경을 열어 모세와 모든 선지자가 선언하였던 메시아 관련 메시지를 조명해 주셨던 일이다. 인식이 그들의 마음을 뜨겁게 했다. 우리는 자신의 경험을 언급했던 베드로의 회고에서도 똑같은 장면을 발견한다. 그의 소망도 십자가에서 죽었지만, 하나님이 그리스도를 죽은 자 가운데서 살리심으로써 그 소망을, 그리고 베드로를 되살리셨다(벧전 1:3). 아무것도 그 깨달음을 변하게 할 수 없었다. 또한 그것은 은밀하게 간직될 수 없었고 그래서도 안 되었다. 그것은 느껴져야 할 뿐만 아니라 알려져야 한다.

그러나 인간의 음성을 통해서만이 아니다. 윌리엄 쿠퍼가 상기시키듯이, 우리는 '서툴고 어눌하며 더듬는 혀'를 지닌 까닭에 하나님의 아들에 대한 소식을 거부하는 사람의 마음을 움직일 힘이 전혀 없다. 만일 설교자들과 선교사들 외에 그리스도의 대의를 옹호할 이가 아무도 없었다면, 그것은 오래전에 소멸되었을 것이다. 하지만 처음부터, 또 다른 보혜사인 성령이 계셨다. 성령은 메신저들을 강건케 하시고(행 1:8) 세상 사람들에게 깨달음을 주시며(요 16:8) 그리스도의 영광을 나타내신다(요 16:14).

그렇다고 해서 우리의 책임이 면제되는 것은 아니다. 우리는 복음을 전해야 한다(벧전 1:13). 이 책무가 '절대적 의존감'을 불러일으킬 수 있다. 만일 우리가 올바른 대상을 의존하면, 그 복음이 말로만 이른 것이 아니라 또한 능력과 성령과 큰 확신으로 우리의 청중에게 전해질 것이다(살전 1:5).

### 결론

유혹을 느끼게 하기는 하지만, 우리는 우리의 믿음을 위해 적대감과 비판이 미치지 않는 은밀한 곳을 모색할 권리가 없다. 감정을 낳는 것은 믿음이었고 또한 믿음이지만, 믿음 자체를 낳는 것은 감정이 아니라 복된 소식과 사실들이다. 이 사실들은 공개되어 있으며, 지나가는 모든 행인이 그것에 대한 견해를 피력할 권리를 지닌다. 우리는 믿음이 우리 자신의 사적이고 교류될 수 없는 경험을 통해서만 정당화되는 순전히 개인적인 문제라고 주장하는 것으로 책임을 면하지 못한다. 그 특성상 믿음은 정당화와 더불어 모든 민족과 모든 사람에게 전해져야 한다(마 28:19). 우리는 그 믿음을 옹호해야 하며(빌 1:16) 그 믿음을 지닌 이유를 제시할 준비를 갖추어야 한다(벧전 3:15).

이는 모든 신자가 데이비드 흄(David Hume)이나 리처드 도킨스(Richard Dawkins)의 논거들을 논박할 수 있어야 함을 뜻하지 않는다. 다만 우리 각자가 접하는 사람들에게 성령의 도우심으로 우리의 개인적인 확신을 설명할 수 있어야 함을 뜻한다. 또한 그것은 우리로 하여금 그 일을 위한 역량을 갖추게 하는 것이 목사들과 교사들에게 주어진 책임 중 하나임을 뜻한다. 우리는 마주칠 수 있는 그 어떤 대적도 격퇴할 준비를 갖추어야 한다.

Faith Undaunted

# 11

다 같이 한 곳에
모였더니

'나는 믿는다.'라는 말은 분명 개인적인 언급이다. 하지만 그것이 나 자신과 나를 지으신 분 사이의 비밀스러운 어떤 것일 뿐이며 다른 누군가가 알 필요가 있거나 내가 공개적으로 또는 가시적으로 표현해야 하는 그 무엇은 아니어야 할까? 확실히 현대의 서구 사회는 그런 방식을 좋아한다. 신앙을 대화의 주제로 삼기 싫어하며 그것을 자신의 이력서에 넣는 것은 더욱 싫어한다. 따라서 신자가 된다고 해서 특정 교회의 구성원이 되어야 할 이유는 없는 셈이다. 기독교와 제도적인 종교는 전혀 별개다. 기독교 순례자에게는 혼자 여행하는 것이 최선이다.

사도신경의 항목 중에서 현대의 복음주의자들이 가장 소홀히 여기는 것이 '나는 거룩한 공교회를 믿습니다.'인 것도 바로 이 때문이다. 코로나 팬데믹 이전에도 자신의 기독교적 삶을 특정 교회와 연관시키지 않으려는 사람이 많았다. 혹자는 지배적인 개인주의 문화와 개인적인 자족을 받아들이기 때문에, 혹자는 모든 제도를 불신하기 때문에, 혹자는 교회에서 교리적, 도덕적 불순함을 보았기 때문에, 혹자는 자신의 특정한 원칙을 교회가 수용하지 않기 때문에, 혹자는 교회에서 상처를 받았기 때문에, 혹자는 자신과 다른 교회 구성원의 갈등 때문에, 또 혹자는 교회에 가서 얻을 것이 전혀 없기 때문에 교회와 연결되지 않으려 한다.

이러한 흐름은 코로나19가 세상을 휩쓸기 전부터 이미 그 기세가 강했지만 팬데믹이 그 흐름을 더욱 강화시켰다. 종교 집회 등이 금지되면서 점점 더 교회에 싫증을 내고 있던 사람들이 좋은 핑계거리를 얻었다. 어떤 이들은 지역 교회의 실시간 예배 방송에 익숙해져 이제 '교회로 가지' 않고도 교회에 다닐 수 있다는 생각을 좋아하게 되었다. 또 어떤 이들은 유명한 온라인 설교자들이 자신의 지역 교회 목회자보다 훨씬 더 낫다는 것을 알게 되었다. 이는 찬양대에 대해서도 마찬가지다.

### 신성한 기관

하지만 교회는 나 자신의 판단에 따라 합류 여부를 선택할 수 있는 임의체가 아니다. 교회가 신성한 기관인 이유는, 하나님의 이름을 지닌 사람들이 영적 단독자로서가 아니라 하나님의 특별한 백성으로서 한 원칙 아래에서 구별된 공동체로 살아가고 같은 축복을 공유하고 같은 예배 순서를 따르며 같은 사명을 맡고 살아야 하는 것이 처음부터 하나님의 뜻이었기 때문이다. 구약 시대에 하나님은 그들을 '여호와의 총회'로 만드셨다. 그리고 신약 시대에 그들은 그리스도께서 '내 교회'라고 칭하신 것을 형성하였다. 여기서 이미 그리스도께서 에클레시아(ecclesia)라는 단어를 사용하셨고, 이것은 교회를 가리키는 신약성경의 표준 용어가 되었다.

세속 헬라어에서 이 단어는, 에베소에서의 폭동에 대한 누가의 기사에서 볼 수 있듯이, 모임을 뜻했다. 이 기사에 따르면 그 폭도의 모임은 분란에 빠졌다. 그것은 흔히 아테네와 같은 도시 국가에서 시민들이 정치적 결정을 내리려고 모였던 공식적인 집회를 가리키는 용어로 쓰였다. 70인역에서 에클레시아는, '여호와의 총회'라는 문구에서와 같이, 히브리어 카할(qahal)을 번역한 것이다. 제네바 성경과 같은 오래된 영역본은 그것을 '주(여호와)의 회중'이라고 번역했다. 이런 맥락에서 그리스도께서 말씀하신 '내 교회'는 '내 회중'[1]이라고 번역될 수 있다. 또 다른 히브리어 에다(edah)는 모이든 모이지 않든, 이스라엘 공동체 전체를 보다 광의적으

---

[1] 참고로 이 표현을 쓴 형제단이 말하고자 한 것은 '회중'(congregation)이 아니라 '모임'(meeting)이었다.

로 일컬었다. 이것은 헬라어 **시나고게**(synagogē)로 번역되었다. 시나고게는 함께 모인 사람들이라는 개념은 물론이고 그 모임에 참여할 수 있는 자격을 갖춘 자들이라는 개념도 시사했다. 이런 뜻에서 그 집회는 그것이 흩어진 이후에도 존속되었고 그리스도의 회중 또한 마찬가지다. 교회는 일요일에만 존재하는 것이 아니고, 주간 내내 그리스도의 몸이다.

### 거룩한 집회

이 모든 용어는 동일한 핵심 개념을 표현한다. 하나님이 자신의 특별한 백성을 세우시며, 그들은 정규적으로 함께 모이는 집회나 회중을 형성한다는 개념이다. 그러나 교회를 가리키는 히브리어와 헬라어의 이면에는 신성한 부르심이라는 개념도 있다.[2] 교회는 하나님이 부르심으로 존재하게 된 거룩한 집회이고, 하나님의 부르심에 반응하여 모이며, 모든 신자는 그 부르심에 순종해야 한다.

이것은 분명 구약 이스라엘이 처한 상황이었다. 하나님이 그들을 그분의 백성으로 삼으셨고, 그분의 명령에 따라 그들은 절기를 기념하고 금식을 지키며 성전으로 올라갔는데, 분리된 개인으로서가 아니라 함께 그리하였다. 우리가 신약 교회의 삶에서 보는 것도 이와 동일한 패턴이다.

---

[2] 명사 에클레시아(ecclesia)는 '내가 불러낸다.'라는 뜻인 동사 에칼레오(ekkaleo)에서 유래하였다. 히브리어 카할(qahal)도 동사로 나타나며, 능동형이나 인과 관계를 나타내는 형태로 '부르다.', '집회를 소환하다.'를 뜻한다.

사도행전을 대충 읽어 보더라도 기독교의 제자도가 '예수님과의 개인적인 관계' 그 이상으로는 전혀 이루어져 있지 않다고 말할 사람은 아무도 없다. 제자도는 그분의 백성과의 개인적인 관계도 수반하며, 이런 맥락에서 성령으로 충만한 특별한 공동체에 대한 공적 책임이 첫날부터 생겨났다. 그 오순절에 베드로의 메시지를 흔쾌히 받아들였던 3천 명은 곧바로 세례를 받았을 뿐만 아니라, 누가가 전하듯이 기존의 신자 공동체에 더해졌다(행 2:41).

혼자이고 개인적이고 자족하며 눈에 띄지 않는 제자도는 분명 기독교적인 패턴이 아니었다. 내적 감동에 이끌려, 그리고 사도적 권위에 복종하여 신자들은 곧바로 함께 연대하였으며, 네 가지 큰 목표를 위해 공적으로 자주 만나는 뚜렷이 가시적인 공동체를 형성했다. 그 네 가지 목표란 사도적 교리를 배우고, 은사와 자원들을 공유하고, 떡을 떼며, 기도하는 것이었다(행 2:42).

하지만 누가는 그들이 새로운 그 무엇을 설립하고 있었던 것이 아님을 분명히 알려 준다. 그들은 이미 존재했고 그리스도께서 친히 존재하게 하셨던 공동체에 더해졌다. 세례 요한은 혼자였지만, 예수님은 처음부터 제자들에 둘러싸여 있었으며, 사도가 되도록 그들을 훈련시키시는 것은 물론이고 그들과 함께 계셨다(막 3:14). 그것은 너무나 인간적인 모습이었고, "사람이 혼자 사는 것이 좋지 아니하니"라는 창세기 2장 18절 말씀을 떠올리게 한다. 먼저 예수님은 베드로와 안드레와 야고보와 요한을 부르셨고, 그다음에 빌립과 나다나엘, 그리고 조금 후에 세리 마태와 나머지 제자들을 부르셨다. 이들이 그분의 회중의 핵심을 이루었다. 예수님의 사역 막바지 무렵에는 따르는 자들 중에 갈릴리부터 예루살렘까지 따라와서 그분의 부활의 첫 증인이 되었던 여자들도 있었다. 그분이 승천하실 무렵에는 최소한 500명의 형제들이 있었다(고전 15:6). 또한 약속된 성령의 선물을 예루살렘에서 기다릴 때(행 1:4-5), 그들은 줄곧 모여 기도했다. 오순절에 홀연히 급하고 강한 바람 같은 소리가 있고 그들이 성령으로 충만하여 다른 언어들로 하나님의 큰일을 선포하기 시작하였던 때에도 모여 기도하고 있었을 것이다(행 2:11).

그 3천 명의 회심자는 원래 예수님을 따랐던 무리에 더해졌으며, 더해진 후에 사도들의 가르침을 듣는 일과 친교와 떡을 떼는 것과 기도에 힘썼다(행 2:42). 존 스토트(John Stott)가 표현했듯이, 그것은 '성령 충만한 교회의 작고 아름다운 카메오'였다.[3] 그것은 비록 작지만 완벽한 것이며, 거기서 발견되는 모든 요소는 본질적이다. 그것은 아름다울 뿐만 아니라 하나님이 주신 표준이다. 복음이 예루살렘으로부터 갈릴리와 사마리아로, 그다음에 안디옥, 갈라디아, 에베소, 고린도, 로마, 알렉산드리아, 튀니지, 콘스탄티노플, 스페인, 프랑스, 영국으로 확산되면서 제자들이 있는 곳마다 교회가 있었다. 그들이 함께 만났을 때, 그들의 모임은 이미 순서와 목적을 지니고 있었다. 그들은 '작은 카메오'에서 구체화되었던 목표

---

3) John R. W. Stott, *The Message of Acts* (Leicester: Iner-Varsity Press, 1991), p. 81. 칼빈(John Calvin)이 "참된 그리스도의 교회를 찾고 있습니까? 여기에 그 모습이 생생하게 그려져 있습니다."라고 말한 것을 참조하라. John Calvin, *The Acts of the Apostles 1-13*, trans. John W. Fraser, W. J. G. McDonald (Grand Rapids: Eerdmans, 1995), p. 85.

들을 위해 모였으며, 하나님이 오늘날 우리에게도 함께 모일 것을 요구하시는 이유도 바로 이 때문이다.

### 그들은 가르침을 위해 함께 모였다

우리는 가르침을 받기 위해 함께 모인다. 누가가 초기의 신자들이 그 일에 힘썼다고 말한 것은 그들이 그 일에 열정적이었음을 뜻한다. 그들은 주님과 그분의 가르침에 대한 정보를 작은 조각이라도 최대한 모으기 원했다. 또한 그들은 주님이 그들에게 어떤 삶을 기대하셨는지 듣기 원했다.[4] 배우기 위해서는 권한과 권위를 갖춘 교사들 주위에 함께 모여야 했다. 주님은 이제 물리적으로 그들과 함께하며 가르치실 수 없었지만, 사도들에게 메신저 역할을 위임하셨기에 그들의 말이 곧 주님의 말씀이었다.

오늘날에는 사도들이 친히 우리와 함께 있지 않지만, 그들의 복음서와 서신서를 통해 여전히 말하고 있다. 그것이 전부가 아니다. 그들이 죽은 후에 신자들이 계속 가르침을 받도록 그들은 목사-교사 제도도 마련했다 (엡 4:11-12). 그 목사-교사 제도는 교회 자체만큼이나 신성하다.[5] 그들이 사도들의 메시지를 가르치는 한, 사도들의 말이 주님의 말씀이었듯이, 그

---

[4] 지상대명은 제자 삼는 일의 중요성은 물론이고 예수님의 명령을 가르치는 일의 중요성도 강조한다 (마 28:20).

[5] "우리 제자도의 기본적인 부분은 하나님이 그분의 교회에 선물로 주신 사역자들을 통해 은혜의 방편이 되는 것이다." Aimee Byrd, *Recovering from Biblical Manhood and Womanhood* (Grand Rapids: Zondervan, 2020), p. 142.

들의 말은 사도들의 말이다. 이것이 참된 사도적 승계이며, 그것을 특징 짓는 것은 그들이 입는 의복이나 그들이 거행하는 예식이 아니라 자기를 내세우지 않고 사도적 복음을 가르치는 이들의 끊임없는 수고다.

또한 오순절은 분명한 선례를 남겼다. 그런 가르침을 받기 위한 주요 환경은 신자들의 모임인 교회여야 했다. 달리 말하면, 함께 모이는 이유는 무엇보다도 가르침을 받기 위함이었다.[6] 주님의 가르침에서와 같이, 그 가르침은 주로 구두를 통해서였다.

후에 베드로와 같은 사람이 설교했음은 물론이고 글도 남겼으며, 그것이 오늘날 우리가 지니고 있는 신약성경이다. 그들의 기록에 자극을 받아서 지금까지도 우리의 기독교 유산의 소중한 부분으로 전해져 오는 위대한 신학적 문헌들이 생겨났다. 이후 종교 개혁 시대의 기독교 교사들은 인쇄술을 잘 활용하였고, 21세기인 오늘날에는 하나님이 전자 미디어를 통해 훨씬 더 많은 청중에게 메시지를 전하신다.

하지만 교회라는 환경 속에서, 그리고 두세 사람이 주님의 이름으로 함께 모이는 곳마다 특별한 방식으로 함께하시겠다고 하신 주님의 약속에 비추어 볼 때(마 18:20), 마주 보고 하는 구두 설교는 여전히 신자들로 하여금 그들의 신앙을 더욱더 깊이 이해하도록 하나님이 정하신 방편으로 남아 있다. 인쇄된 글과 온라인으로 전해지는 말도 그 방편이 확장된 것일 수 있지만, 그것이 마주 보고 하는 구두 설교를 대체하지는 못한다.

---

6) 가르침이 '교회의 영혼'이라고 한 칼빈의 설명을 참조하라. Ibid, p. 85.

신자들이 영적으로 성숙해지는 것은 그런 환경에서, 그런 가르침을 통해서이다(엡 4:13). 그들이 거룩해지고(요 17:17), 서로를 위로하고(살전 4:18), 그들의 소망에 대한 이유를 제시하는 법을 배우고(벧전 3:15), 하나님이 요구하시는 삶이 무엇인지 배우고, 지금처럼 희미한 거울을 통해서가 아니라 대면하여 그리스도를 뵐 날을 갈망하게 되는 것이 바로 그런 가르침을 통해서이다.

### 친교

교회가 '그리스도의 학교'이긴 하지만, 단순한 학교일 수는 없으며 단순한 신학적 동호회는 더더욱 아니다. '작은 카메오'가 분명히 보여 주듯이, 신자들에게는 더 많은 것이 필요하다. 설교는 별개로 존재하거나 오순절 이후 교회 모임을 은혜롭게 했던 다른 활동들로부터 분리되어선 안 된다.

이 활동들 중 첫째는 친교였다. 오늘날 그 개념은 비공식적인 기독교 모임 정도를 의미하는 것으로 움츠러들었다. 그러나 사도행전 2장 42절에서 그 의미는 훨씬 더 깊은 것이며, 그 중심에는 **코이네**(*koine*)라는 말이 위치한다. 이것은 '공동의'라는 의미의 헬라어 형용사다.

그리스도인들은 공동의 믿음에 근거한 공동의 삶을 나누었다. 그들에게는 한 분 주님이 계셨다. 그들 모두 그리스도께 연합되었다. 그들은 모두 주님의 영으로 충만하였다. 함께 모일 때 그들은 하늘에 계신 한 분 아버지의 자녀로 형제자매로서 모였다. 그들 모두 회개와 세례를 경험했으며, 후에 그들 모두가 핍박을 함께 견뎠고, 목자장이신 주님의 보살핌을 함께 받았으며, 서로에게서 위로와 격려를 얻었고, 서로에게 모범을 보였으며, 또한 전체 몸의 유익을 위하여 구성원 개개인에게 하나님이 풍성히 주신 은사(charismata)를 통해 부요해졌다(고전 12:1-11).

그것은 받는 친교만이 아니라 베푸는 친교이기도 했다. 그들의 모든 자원은 전체 공동체의 유익을 위해 사용되었다. "내 것을 가지고 내 뜻대로 할 수 있다."라는 말은 들리지 않았다. 그들은 자신의 집을 떡을 떼는 장소나 사도들의 교육 사역을 위한 장소로 제공하였다(행 2:46). 그들은 자신의 재산과 소중한 것들을 팔아서 구성원 중에 결핍된 사람이 없게 하였다.[7]

복음이 예루살렘과 유대교를 넘어 확산되면서 인종과 신분과 성이라는 전통적인 장벽이 무너졌다. 모든 남자는 형제였고 모든 여자는 자매였다. 그들 각자가 섬길 기회를 얻고 도움을 받고 또한 감사를 표했다.

특정한 지역 교회들 안에서의 관계는 교회들 간의 관계에도 동일하게 적용된다. 그들은 국가적, 민족적, 지리적 장벽을 초월하여 한 교회를 구성한다(엡 4:4). 그들은 서로를 위해 기도하고, 문안과 추천서를 주고받으며(롬 16:16; 고후 3:1), 같은 사도적 지침에 따라 예배한다(고전 11:23-32, 14:26-40). 무엇보다도 그들은 곤경의 때에 서로 돕고 후원한다. 이는 안디

---

7) 이는 예수님이 육신으로 계실 때 제자들과 함께하셨던 삶의 특징이었던 공동 전대 정책에 순응한 것이었다.

옥과 마게도냐와 아가야의 이방인 교회들이 멀리 떨어진 예루살렘의 가난한 신자들을 위한 모금에 자기를 잊은 관대함을 보였던 것에서 볼 수 있다(행 11:29; 고후 8:1-15).

이 공동생활은 하나 된 마음과 생각을 통한 것이다. 믿음과 노력과 고난을 공유하는 하나 됨이다. 신자들은 결코 홀로 행하지 않고 그리스도를 혼자서 따르지 않는다.

그것은 높은 이상이었고, 우리가 알다시피 처음의 완벽했던 모습이 오래도록 유지되지 않았다. 교회는 새 이스라엘이었지만, 크고 높은 성곽의 보호를 받는 새 예루살렘은 아직 아니었다(계 21:12). 뱀은 여전히 침입할 수 있었고, 신속하게 그리했다.

그러나 사도행전 2장 42절의 카메오는 모든 시대의 교회를 위한 신성한 기준으로 남아 있으며, 모든 그리스도인이 공동생활을 나누어야 함을 우리에게 상기시키고, 주님이 개개의 신자들과 지역 교회들이 (그리고 다양한 교단이) 서로 연결되기를 기대하시는 방식의 패러다임을 제공해 준다. '하나님의 자녀의 얼룩으로' 세상을 기쁘게 하지 말라는 존 웨슬리(John Wesley)의 경고를 결코 잊지 말자.[8] 그의 말에 따르면, 모라비아 교도들은 영국 그리스도인들이 비판의 음성을 더하지 않아도 자신들 안에 비판자가 충분히 있었다.

---

[8] *The Journal of the Rev. John Wesley, A. M.*, vol. 1 (London: Robert Culley, 1909), p. 429.

### 떡을 뗌

'작은 카메오'의 또 다른 핵심적인 특징은 떡을 떼는 것이었다. 일반적 합의에 따르면, 이는 대체로 여러 가정에서, 그리고 아마도 보통의 식사 자리에서 거행되었던 주의 만찬을 가리킨다(행 2:46). 그들은 모두가 함께 그것을 누리기 원했을 수 있지만, 3천 명을 수용할 만한 넓은 사유 공간을 찾기란 불가능했을 것이다. 그들의 공적 집회 장소였던, 성전 바깥뜰 동편에 위치한 솔로몬 행각에서 그 성례전을 거행하는 것도 불가능했을 것이다.[9]

그때는 장소가 중요하지 않았으며 지금도 중요하지 않다. 하지만 떡을 떼기 위해 모인 사람들은 이미 세례를 받은 상태였다는 점을 기억해야 한다. 두 성례전은 그리스도께서 엄숙히 제정하신 것이며, 그때나 지금이나 그분을 따르는 자들은 그 두 가지 중에서 어느 것도 필요 없는 것으로 여길 자유가 없다. 우리는 그것을 엄숙하게 제정된 신성한 규례로 믿어야 하며 받아들여야 한다. 성례전 없는 기독교 제자도는 있을 수 없다.

물론 어떤 면에서 (세례처럼) 떡을 떼는 것은 경계표였으며, 그것에 참예하는 것은 사도들에 대해서는 물론이고 그들이 전했던 그리스도에 대한 충성을 담대히 표현하는 것이었다. 사람들이 그리스도를 십자가에 못 박았고, 세상의 눈에 그분은 메시아인 체하다가 수치를 당한 자였지만, 하나님이 인간의 판결을 뒤엎으셨다. 하나님은 그리스도를 죽은 자 가운데

---

[9] F. F. Bruce, *The Acts of the Apostles: the Greek Text with Introduction and Commentary* (Second Edition, London: Tyndale Press, 1952), pp. 107, 137.

서 살리셨으며, 그분을 자신의 우편으로 높이셨다. 하지만 성례전은 증언 행위 그 이상이었다. 그것은 그들이 그리스도와 함께, 그리고 그들 서로 간에 나누는 공동생활의 표현이기도 했다. 예수님의 이름으로 모일 때(마 18:20), 그들은 다시 살아나 높여지신 그분이 떡을 떼는 자리에 그들과 함께 계실 것을 기대했다. 또한 성례전은 그들 모두가 같은 생명의 떡과 같은 언약의 피의 잔을 나누는 것이 그들의 공동생활 근저에 있다는 사실을 강조했다.

그러나 이것도 전부가 아니었다. 성례전에는 그분의 죽으심에 대한 기억과 그분이 다시 오실 것에 대한 기대가 있었고, 아울러 "받아서 먹으라. 이것은 내 몸이니라."라는 그분의 귀한 초청도 있었다. 믿음의 고백으로 그들은 그리스도를 함께 받고, 그들의 경탄과 감사가 되살아나고 그들의 영적 에너지가 새로워지는 것을 알게 될 것이었다.

성례전은 간략한 예식이었으나, 고린도전서 11장 17-34절에서 알려주듯이 그것을 거행하는 방식은 무관심할 수 있는 부분이 아니다. 여기서도 우리는 사도들의 가르침, 특히 고린도전서 11장 23-32절에 수록된 사도 바울의 가르침에 따라야 한다.

그 가르침은 한 가지 분명한 원칙으로 요약될 수 있다. 우리의 성찬식 순서는 주의 만찬의 순서를 따라야 하며, 그리스도께서 제정하신 것을 하나도 누락시키지 말아야 하고 그분이 허용하지 않으신 치장을 덧보태서도 안 된다. 성찬식의 요소는 그분이 친히 축복하셨던 떡과 포도주여야 하며, 그 형식은 제단에서 드리는 희생 제사가 아니라 식탁에 둘러앉은 만찬이어야 한다(눅 22:14). 감사 기도가 있어야 하며, 성례전 없이 설교만으로 유효할 수 없듯이, 주님의 죽으심과 재림에 성례전을 연결시키는 설교 없이 성례전만으로 유효할 수 없다(고전 11:26).

말씀이 없이는 세례의 물이 단순한 물 그 이상도 이하도 아니며 성찬식의 떡이 단순한 떡 그 이상도 이하도 아니라고 했던 아우구스티누스(Aurelius Augustinus)의 선언의 의미가 바로 이것이다. 말씀이 떡과 포도주에 더해질 때에만 성례전이 의미가 있다.[10] 우리는 세례와 주의 만찬을 신비가 아닌 참된 이해로 받아들여야 한다.[11] 칼빈(John Calvin)은 "성례전은 이해할 수 있게 선포되는 말씀을 통해 그 효력을 획득한다. 말씀이 없으면 그것은 성례전이라고 불릴 가치가 없다."라고 했다.[12] 우리는 성찬식이 일반적인 식사가 아니라 주님 자신의 임재로 인해 은혜로워지는 신성한 행사임을 이해해야 한다. 성찬식의 떡과 포도주에는 마법적인 힘이 없음을 이해해야 한다. 여기에는 인종과 신분과 학식의 장벽이 존재하지 않음을 이해해야 한다. 우리가 자신에 대한 진실에 직면해 있고 줄곧 죄 사함을 필요로 하는 죄인으로서 임한다는 점을 이해해야 한다.

무엇보다도 우리의 성찬식 참예는 그리스도께서 성찬식을 제정하신 목적에 부합하는 것이어야 한다. 우리는 주님의 상하신 몸과 흘리신 피

---

10) Augustine, *Homilies on the Gospel of Saint John*, LXXX:3, in *The Nicene and Post-Nicene Fathers*, 1st series, vol. VII, ed. Philip Schaff (1888, Reprinted Edinburgh: T&T Clark, 1991), p. 344.
11) '주의 만찬의 신비'와 같은 표현은 이후의 신학에서 나타났지만, 신약성경에는 그것을 사용한 전례가 없다.
12) *Calvin: Theological Treatises*, trans. John K. S. Reid (London: SCM Press, 1954), p. 161. 여기서 '효력'(virtue)은 '힘', '능력'을 뜻한다.

에 감사한다. 주님의 삶과 사역을 생생하게 기억한다. 우리는 이웃이 제공하는 떡과 포도주의 선물을 받아들이고 그것을 다른 이웃에게 전하며 친교를 주고받는다. 끝으로 우리는 배고픔을 해소하기 위해 식사 자리에 나아가듯이, 영적 음식인 생명의 떡에 대한 배고픔 때문에 성찬식에 임한다.

성찬식이 사무적으로 거행될 수 없음을 상기시키는 데에는 앞에 열거한 사항만으로도 충분하다. 그것은 정해진 시간에 거행되어야 한다. 그것은 신성하고 엄숙한 순간이지만, 주님이 모든 신자에게 참예할 것을 명하시는 활기찬 기쁨의 순간이기도 해야 한다(행 2:46). "너희가 이를 행하여 나를 기념하라"(눅 22:19).

## 기도

'작은 카메오'의 마지막 요소는 기도다. 이 경우에는 공동 기도, 또는 공유하는 기도를 의미한다. 초기의 그리스도인들은 개인 기도를 드릴 뿐만 아니라 성전에서 정해진 시간에 기도하는 시간도 계속 지켰다. 예를 들어 사도행전 3장 1절은 "제구시 기도 시간에 베드로와 요한이 성전에 올라갈새"라고 기록한다.

이는 사도들이 곧바로 회당과의 관계를 끊지 않고 규례를 지키는 유대인으로 계속 살았음을 알려 주는 분명한 표시다. 세상에 복음을 전하러 나아가는 그 시기에 만일 그들이 다르게 행동했다면 편견만 유발했을 것이다. 물론 우리는, 그들이 비록 유대교의 시간을 지키기는 했지만 기도 자체의 형식과 내용은 기독교적이었음을 확신할 수 있다.

하지만 사도행전 2장 42절에서 언급하는 것은 개인 기도나 유대교식 예배의 정해진 기도가 아니다. 그것은 초기 그리스도인들이 함께 하는 기도에 매진하였다는 사실에 대한 언급이다. 사도행전 12장 12절의 '모여'라는 표현은 여러 가정에서 가졌던 모임을 뜻하는 것 같다. 이것이 오늘날 우리가 기도 모임이라고 부르는 것, 곧 기도만을 목적으로 하는 모임을 반드시 의미하진 않는다. 가정들은 가르치며 떡을 떼기 위한 장소로도 사용되었던 것이 분명하다(행 2:46). 이 세 가지는 모두 같은 시간에 행하여지며 서로를 고무시켰을 것이다. 또한 우리는 사람들이 자신의 소유를 팔아서 마련한 돈을 가져간 곳이 바로 이 모임이었다고 짐작할 수 있다(행 4:34).

베드로와 요한이 걷지 못하는 거지를 이적적으로 치유한 후에(행 3:1-10) 옥에 갇혔다가 풀려나서 갔던 곳이 그런 모임이었다. 당시에 그 이적을 부인할 수 없었던 (그리고 이 이적에 대한 소문이 온 예루살렘에 퍼진 것을 잘 알고 있었던) 유대교 당국자들은 예수의 이름을 다시는 전하지 말라고 경고한 뒤 두 사도를 석방했다. 이에 베드로와 요한은 즉시 동료들이 모였던 집으로 향했다. 그들이 알려 준 이야기는 곧바로 합심 기도를 유발했다(행 4:23-24). 우리는 그 밤 시간에 그와 같은 기도가 있어 왔음을 확신할 수 있다.

유예 기간은 짧았다. 스데반의 강력한 설교는 그의 순교를 촉발했고, 격렬한 핍박이 닥쳐서 신자들은 예루살렘을 떠나 피신해야 했다. 그 무렵에 헤롯 아그립바왕이 요한의 형제 야고보를 처형하도록 지시했다. 이 일을 유대인들이 흡족해하는 것을 보고 그는 베드로의 체포를 지시했는데, 이는 다음 날 아침에 그를 처형하려 했음이 분명하다. 하지만 교회가 그를 위하여 간절히 하나님께 기도했다(행 12:5). 그 기도는 밤중까지 계속되었음이 분명하다. 왜냐하면 천사가 베드로를 구하러 왔을 때 그는 잠들어 있었기 때문이다. 그가 마가 요한의 어머니인 마리아의 집으로 갔을 때, 교회는 여전히 거기서 기도하고 있었다.[13]

핍박받는 신자들을 천사가 구출했다는 기사는 더 이상 보이지 않으며, 베드로는 그런 이적이 반복될 거라고 생각하지 않은 것이 분명하다. 주님이 허락하신 대로[14] 그는 가이사랴로 피신했다. 하지만 역사의 큰 아이러니 중 하나로, 그 무렵에 회심한 핍박자 바울이 주님 안에서 갇힌 자이자(엡 4:1) 쇠사슬에 매인 사신인(엡 6:20) 자신을 위해 기도해 줄 것을 신자들에게 부탁하였다.

이것은 교회를 향한 변치 않는 지시 사항으로 남아 있다. "너희도 함께 갇힌 것같이 갇힌 자를 생각하고 너희도 몸을 가졌은즉 학대받는 자를 생각하라"(히 13:3). 종교 개혁 이후 스코틀랜드에서 공예배는 존 녹스(John Knox)의 『공동 전례서』(Book of Common Order)를 따랐는데, 그 전례서의 핵심

---

13) 존 스토트(John Stott)가 지적하듯이, 베드로의 구원을 위해 열심히 끈기 있게 기도하고 있던 무리가 그들의 기도가 응답되었음을 그들에게 전해 준 사람을 미쳤다고 생각한 것은 아이러니다. "로데만 기뻐한 것은 그 교회의 불신이라는 어두운 배경과 더욱 뚜렷이 대조된다." John R. W. Stott, *The Message of Acts* (Leicester: Iner-Varsity Press, 1991), p. 211.

14) "이 동네에서 너희를 박해하거든 저 동네로 피하라"(마 10:23).

특징은 매 주일마다 그리스도의 교회의 전체 상황을 위해, 특히 주님의 진리를 증언하느라 핍박받고 옥에 갇히며 사형 선고를 받는 형제들을 위해 기도하는 것이다. 목사들이 그 전례서의 문구를 그대로 사용해야 하는 건 아니었지만, 다음과 같은 기도문을 사용하라는 지시를 받았다.

> 비록 그들이 사람의 도움을 전혀 받을 수 없더라도, 주님의 자비로운 위로가 그들에게서 결코 떠나지 않게 하옵시고, 주님의 성령이 그들의 마음을 불타오르게 하셔서 주님의 신성한 지혜로 지시하시는 대로 그들이 담대하게 기꺼이 그 시련을 견딜 수 있게 하소서. 그리하여 마침내 그들의 삶과 죽음을 통해 주님의 사랑하시는 아들 예수 그리스도의 나라가 확장되며 온 세상을 두루 비추게 하소서.

개신교를 지극히 혐오했던 메리 튜더(Mary Tudor)를 피하기 위해 영국으로부터 피신해야 했던 녹스에게 핍박은 최근의 기억이었다. 프랑스와 스페인과 이탈리아 같은 나라에서도 전제 정부가 종교 개혁 박멸 프로젝트에 모든 폭압적인 방편을 투입함에 따라 그 핍박의 기세는 계속 잔혹하고 격렬했다. 오늘날 서구 세계의 그리스도인들은 상대적으로 평안을 누리지만, 21세기에도 수백만에 달하는 우리의 영적 형제자매들이 여전히 핍박을 받고 있다는 사실에 무지해선 안 된다. 우리의 모든 주일 예배에서 그들의 고난을 슬퍼하고 그들의 인내에 찬사를 표해야 한다.

12

나는
거룩한 공교회를
믿습니다

사도들 이후 교회가 그리스도인의 삶의 중심을 차지했으며, 오늘날 우리가 전(全) 교회적 신조로 알고 있는 것들이 형성되기 시작했을 때, 사람들은 "나는 거룩한 공교회를 믿습니다."라는 분명한 확언을 그 신조들의 중심에 두었다. 이것은 니케아 신조의 문구였고, 사도신경[1]의 문구이기도 했다. 사도신경에 대해 마르틴 루터(Martin Luther)는 "기독교 진리가 이보다 더 짧고 분명한 문구로 요약될 수는 없다."라고 설명을 붙였다.[2] 그것은 모든 그리스도인이 믿어 왔고, 또 믿어야 하는 기본 교리들의 요약

---

1) 이렇게 불린 것은, 그것이 사도들에 의해 만들어졌기 때문이 아니라 사도적 복음을 표현한 것이기 때문이다. 4세기 말부터 세례 후보자들을 가르치기 위한 용도로 쓰였지만, 오늘날 우리가 아는 문구가 최종적으로 확정된 시기는 8세기다. 그것은 세례식 때 공적 신앙 고백의 표현으로 두루 사용되었고, 이 관행은 종교 개혁 이후까지 이어졌다. 예를 들어 『녹스의 전례서』(Knox's Liturgy)는 "신부는 자신의 믿음을 고백하는 항목들을 복창하고, 목사는 그것을 해설한다."라고 단언한다. 사도신경은 전 교회적인 공의회의 산물이 아니지만 기독교 역사 전반에 걸쳐 니케아 신조나 칼케돈 신조와 동일한 권위를 가진 신앙 고백 형식으로 인정받아 왔다.

2) 'Creeds,' in *New Dictionary of Theology*, ed. Sinclair B. Ferguson, David F. Wright (Leicester: Inter-Varsity Press, 1988).

이다. 그리고 그 기본 교리들 중 하나가 '나는 거룩한 공교회를 믿습니다.' 이다. 이것은 사도신경의 모든 항목 중에서 현대의 복음주의자들에게 가장 간과되는 것이지만, 전능하신 하나님 아버지와 우리 주 예수 그리스도에 대한 믿음의 선언만큼이나 중요하다. 이것이 성령에 대한 믿음의 선언과 죄 사함과 몸의 부활에 대한 믿음의 선언 사이에 위치한 것도 주목할 만하다. 기독교의 제자도에서 교회가 중요하다는 사실에 대한 역사적 기독교의 신념을 이보다 더 분명하게 보여 주는 것은 없을 것이다.

### 한 교회만 있을 뿐이다

그렇다면 이 항목이 말하는 것은 무엇인가? 무엇보다도 우리가 믿는 것은 많은 교회가 아니라 한 교회라는 것이다. 물론 이 한 교회에는 많은 지역적 특징들이 포함되고, 이들 각각은 해당 지역의 언어와 문화와 역사와 인구 통계를 반영한다. 그리고 이처럼 불가피한 다양성을 넘어, 교회에 쓰라린 상처를 내는 수많은 분열과 이단이 생기거나 또는 명목상으로 통일된 교단의 우산 아래에서 분파가 창궐하기도 한다.

하지만 이 모든 현상에도 불구하고, 한 분 하나님이 한 백성을 보유하시며 한 분 그리스도께서 한 몸을 보유하신다는 사실은 바뀌지 않는다. 그리스도께서는 '내 교회들'이라고 하시지 않고 '내 교회'라 하시고(마 16:18), 베드로는 널리 흩어진 선택된 자들을 '한 택하신 족속'과 '한 거룩한 나라'와 '하나님의 소유가 된 한 백성'이라고 묘사하며(벧전 2:9), 바울은 '한 하나님의 권속'에 대해 말한다(엡 2:19).

이 하나 됨은 교리의 통일성과 한 분 주님의 이름으로 받는 세례, 그리고 한 성찬식(고전 11:25)을 통해 표현된다. 그러나 우리를 궁극적으로 함께 묶는 것은 성례전 공유나 교리의 통일성이 아니라 거듭나고 하나님의 가족의 구성원으로 받아들여지는 공동 경험이다. 교회가 분열될 수도 있지만, 모든 신자를 다른 모든 신자와 연결시키는 유기체적 결속은 그 어떤 것에 의해서도 깨질 수 없다. 우리가 그 가족의 통일성에 위협을 가할 수는 있지만 결코 그것을 무너뜨리지는 못한다.

그러나 우리는 가까이 거주하는 신자들이 함께 예배하기를 거부하고 분리된 단체를 만들어 분리된 건물에서 만나며 매주 일요일 아침 그 건물에서 들리는 찬양 소리에 지나가는 행인들이 냉소를 짓는 오늘날의 상황을 간과해선 안 된다.

교회는 하나뿐이기 때문에 그곳 밖에서는 구원이 없다. 칼빈(John Calvin)이 교부 키프리아누스(Cyprianus)의 표현을 따라,[3] 누구든지 하나님을 자신의 아버지로 믿는 자는 교회를 자신의 어머니로 여겨야 한다고 말했던 것도[4] 바로 이런 뜻에서다. 웨스트민스터 신앙 고백이 교회 밖에는 "통상적인 구원의 가능성이 없다."라고 선언한 것도 이런 뜻에서다(웨스트민스터 신앙 고백 25:2).

'통상적인'이라는 표현을 넣음으로써, 그 신앙 고백은 예외를 허용했다. 예를 들면 유아 때 죽은 사람이나[5] 인지적 장애 때문에 말이나 성례전의 혜택을 볼 수 없는 소수의 사람들이다. 하지만 그런 예외를 제외하고는, 교회를 떠나서는 죄 사함이나 구원 얻기를 바랄 수 없다고 하는 원칙이 엄연히 적용된다.[6] 이에 대한 근본적인 이유는 우리가 구원받기 위하여 알아야 하는 것을 교회를 통해서만 배울 수 있기 때문이다. 교회를 통해 우리는 성경을 받았고, 선포되는 하나님의 말씀을 들었다. 교회를 통해 하나님이 우리에게 선교사들과 복음 전도자들을 보내셨다. 교회를 통해 우리는 어릴 적에 복음을 소개받았다.

---

[3] "교회를 어머니로 가지지 않는 자는 하나님을 아버지로 가질 수 없다." Cyprian, *On the Unity of the Catholic Church*, vi, in *The Anti-Nicene Fathers*, vol. 5 (Grand Rapids: Eerdmans, 1995), p. 423.
[4] John Calvin, *Institutes of the Christian Religion*, ed. John T. McNeill, trans. Ford Lewis Battles (Philadelphia: Westminster Press, 1960), IV:I, 1.
[5] A. A. 하지(A. A. Hodge)의 다음과 같은 단정적 진술을 참조하라. "유아기에 죽는 사람은 모두 그리스도의 공로를 통해 구원받는다고 여겨진다." A. A. Hodge, *The Confession of Faith: A Handbook of Christian Doctrine Expounding the Westminster Confession* (1869, Reprinted London: Banner of Truth, 1958), p. 314.
[6] John Calvin, *Institutes of the Christian Religion*, ed. John T. McNeill, trans. Ford Lewis Battles (Philadelphia: Westminster Press, 1960), IV:I, 4.

하지만 '교회 밖에는 구원이 없다.'라는 원칙이 모든 회심이 제도적인 교회와의 접촉에 의존함을 뜻하진 않는다. 한 가지 절대적인 원칙은 우리가 진정으로 그리스도께 나아가지 않고서는 구원받을 수 없다는 것이다(웨스트민스터 신앙 고백 10:4). 이것과 연결된 두 번째 원칙은 아버지께서 우리를 이끌지 않으시면 우리가 결코 그리스도께 나아가지 않을 거라는 것이며(요 6:44), 이것과 연결된 세 번째 원칙은 우리를 이끄시는 방편들과 관련하여 하나님이 절대적인 재량권을 지니고 계시다는 것이다.

디모데처럼 우리의 어머니나 할머니를 통해 우리에게 복음이 전해졌을 수 있다(딤후 1:5), 일터에서 어쩌다가 말씀을 전하는 동료들의 말을 들었거나(행 11:19),[7] 우연히 우리가 성경을 또는 성경의 몇몇 페이지를 발견했을 수 있다. 혼자 돌아다니던 그리스도인 행상이 복음이 전해지지 않은 북동부 인도를 지나가며 예수님에 대해 얘기하였을 수도 있고, 고대 영국의 변방 지역에서 복무하던 로마 병사들이 원주민에게 예수님을 전할 기회를 얻었을 수도 있다. 이들은 모두 제도적 교회의 일원으로서 조직적인 선교 활동을 한 것이 아니지만, 그 모든 경우에서 이런저런 방식으로 하나님이 자신의 백성을 사용하셔서 그리스도를 아는 지식, 곧 그것 없이는 결코 믿음에 이를 수 없는 지식을 갖도록 우리를 이끄셨다.

교회가 우리의 어머니라는 것은, 우리가 하나님의 가족으로 거듭난 것이 교회를 통해서라는 의미이며, 또한 교회를 통해 신자들이 영적 유아기

---

[7] 이를 이례적인 것으로 간주해서는 안 된다. 앞에서 보았듯이 하나님이 초기 이방인 기독교의 중심지가 된 안디옥에 교회를 세우신 것은 이러한 '아마추어 선교사들'을 통해서였다.

로부터 영광스러운 최종 단계에 이르는 순간까지 믿음으로 양육받는다는 의미이기도 하다. 우리의 회심이 얼마나 극적이며 기억할 만한 것이든, 우리가 개인적으로 어떠한 은사를 받았든, 만일 우리가 하나님의 지시를 따르지 않으면, 동료 신자들의 은사와 그들과의 친교를 소중히 여겨 가르침과 떡을 떼는 것과 기도를 위해 그들과 함께하지 않으면, 제자도는 시들고 말 것이다.

우리 각자는 개인적으로 전체 교회에, 성경을 통하여 지금도 우리에게 말하고 있는 사도들과 선지자들에게, 우리를 믿음으로 이끈 설교자들에게, 우리를 영적으로 성숙하게 하기 위해 다시 사신 주님이 우리에게 주신 목사들과 교사들에게, 그리고 우리가 그릇된 길로 갈 때 권면하고 낙심할 때 격려하며 연약할 때 도와주었던 모든 형제자매에게 빚을 지고 있다(살전 5:14).

### 교회는 거룩하다

둘째, 우리는 이 하나인 교회가 거룩하며, 이 거룩함이 교회를 구성하는 개인들의 속성일 뿐만 아니라 공동체 자체의 속성이기도 하다는 것을 믿는다. 옛 이스라엘이 하나님의 백성으로서 그분께 거룩하였듯이, 교회도 거룩한 나라다(벧전 2:9). 혹은 바울이 표현하듯이, 우리는 하나님의 거룩한 성전이다(고전 3:17). 하나님이 다른 어떤 존재와 같지 않으시듯, 교회도 지상의 다른 어떤 공동체와도 같지 않다.

그것은 세상으로부터 불러내어진 전적으로 다른 것이다. 그것은 세상이 지닌 신념과 세상이 목표로 하는 우선순위와 세상이 삶의 기준으로 삼는 윤리와 세상이 소중히 여기는 가치에서 세상과 다르다. 또한 교회는 지도자들에게 요구하는 특질과 그 믿음을 선전하며 옹호하기 위해 의존하는 방법에서도 다르다. 무엇보다도 교회는 그 존재 이유가 자체의 제국을 건설하기 위함이 아니라 그리스도의 덕을 드높이고(벧전 2:9), 그분의 나라를 확장하고(마 28:19), 화목케 하시는 그분의 메시지를 전하고(고후 5:18), 그분이 전하신 유일무이한 형태의 의를 공개적, 가시적으로 구현하고(마 5:16), 우리가 속한 지역 사회를 위하여 중재하며(딤전 2:2; 렘 29:7), 또한 마지막 지점인 하나님의 우주적 심판의 관점에서 역사를 보도록 사람들에게 촉구하기(히 9:27) 위함이라는 점에서도 다르다.

또한 교회는 성도들로 구성되어 있다는 점에서도 거룩하다. 교회에 속한 개개인은 하나님이 자신의 특별한 백성으로 삼기 위해 구별하신, 세상과 구별되는 사람들이다. 이 구별된 모습은 인간적인 의미에서 더 덕스럽거나 더 지혜롭거나 더 이성적인 것이 아니라 하나님의 영으로 충만하고 일평생 하나님과 동행하며 그리스도의 계명을 지킴으로써 그분을 향한 사랑을 보이는 것이다(요 14:15).

그러나 초기 교회들의 역사가 분명히 보여 주듯이, 종종 참된 성도들과 식별되지 않는 상태로 여러 부류의 사람들이 섞여 있다. 모든 교회에 위선자들이 있고, 이단들이 있고, 세상을 사랑하는 구성원들이 있고, 처음에는 큰 열심을 보이다가 영적 지속력이 없음을 곧 드러내는 사람들이 있고, 또한 자신을 영적으로 뛰어난 인물로 여기고 동료 신자들을 무시하는 지도자 후보들이 있다.

그러나 이로 인해 모든 그리스도인이 위선자라는 냉소적인 결론을 내려서는 안 되며, 우리가 적절한 보호벽을 치면 참된 신자들만 교회 구성원으로 받아들일 수 있다고 확신하는 환상을 품어서도 안 된다. 그 어떤 사람도 다른 사람의 마음을 들여다보고 그 마음속에 성령이 거하시는 것을 확신하지 못한다. 사도들도 그렇게 할 수 없었고 우리도 할 수 없다. 지상의 교회가 참된 신자들로 구성되는 것이 아니라 믿음을 고백하는 자들로 구성된다는 것을 웨스트민스터 신앙 고백이 우리에게 상기시키는 것도 바로 이 때문이다(웨스트민스터 신앙 고백 25:2).

우리가 할 일은 마음을 판단하는 것이 아니라 신앙 고백을 판단하는 것이다. 무오한 감별은 모든 마음의 비밀이 드러날 심판 날의 일로 남겨져야 한다. 지금으로서는 우리가 회중의 모든 구성원을 하나님의 자녀로 인정해야 한다.

그래도 주님은 판단 기준 없이 우리를 방치하지 않으셨다. 성령이 거하시는 곳에서 그분의 임재는 언제나 열매를 맺으며, 그 열매의 특성은 갈라디아서 5장 22-23절에 상세히 열거되어 있다. "오직 성령의 열매는 사랑과 희락과 화평과 오래 참음과 자비와 양선과 충성과 온유와 절제니." 그 외에도 우리는 고린도전서 13장에서 바울이 기억하기 쉽게 묘사하는 사랑을 판단 근거로 삼아야 한다. 바울은 그것을 바람직한 특별 항목이나 특출한 그리스도인의 표지가 아니라 우리 중에서 가장 목소리를 높이며 가장 존경받는 사람마저 그것 없이는 소음에 불과하다 할 수 있는 본질적인 항목으로 제시한다. 하지만 주의하자. 이 위대한 구절들은 다른 사람들을 판단하도록 돕기 위해 우리에게 주어진 것이 아니다. 무엇보다 그것은 우리 자신을 판단하는 시금석이어야 한다.

### 성도의 교제

교회는 성도들의 단순한 '집합'이 아니다. 성도의 '교제', 또는 사도신경의 라틴어 원문에 따르면 **콤무뇨 상토룸**(communio sanctorum)이다. 라틴어 형태에 주목할 필요가 있는 것은 **상토룸**(sanctorum)이라는 단어가 남성형 또는 중성형으로 이해될 수 있기 때문이다. 다행히도 우리는 둘 중에서 하나를 선택할 필요가 없다. 둘 다 시사하는 바가 있다.

대부분의 역자들처럼 남성형으로 취하면, 그것은 거룩한 사람들 간의 교제를 뜻한다. 그들은 일반적인 사회적 교제라는 뜻은 물론이고 바울이 데살로니가인들에게 유가족을 위로하라고 당부할 때(살전 4장) 염두에 두었던 종류의 교제라는 뜻으로도 서로 교제한다. 이어서 바울은 그들에게, 그러니까 목회자들에게만이 아니라 교회의 일반 구성원들에게도 질서에서 벗어난 자들을 경고하며 연약한 자들을 도울 것을 권한다(살전 5:14). 신자들은 대화를 계속해야 한다.

또한 성도의 교제는 파트너십을 시사한다. 예를 들어 복음을 전하는 자들은 그들을 재정적으로 후원하는 자들과 파트너 관계에 있다(고전 9:11;

딤전 5:17). 빌립보서에서 사도 바울은 복음을 전하는 데 파트너십을 보여준 교회에 감사하고, 그의 복음 전도에 함께 수고했던 여자들에게 감사를 표한다. 그리고 그 이름들이 생명책에 있는 다른 동료 일꾼들을 언급한다(빌 4:3). 같은 서신의 뒷부분에서 그는 자신이 로마에서 투옥되어 있는 동안 물질로 후원했던 빌립보 교회를 언급하며, 최근에 그들의 심부름꾼인 에바브로디도를 통해 자신에게 전달되었던 선물을 특별히 언급한다. 그리스도인의 일은 그 정확한 형태가 무엇이든지, 여러 다양한 개인과 여러 다양한 재능의 파트너십이다.

성도의 교제는 친교와 파트너십과 아울러 나눔도 포함하며, 이것은 중성형으로서의 **상토룸**에 해당한다. 거룩한 보편 교회 안에서 '거룩한 것들'을 교류하거나 함께한다. 신자들은 가장 중요한 것들을 공유한다. 같은 성부와 같은 구주와 같은 성령이 그와 같은 것이다. 우리는 같은 핵심 경험, 같은 영적 축복, 같은 은혜를 공유한다. 우리 각자는 성령의 은사를 자신의 분량에 맞게 얻는다. 그것은 우리의 개인적인 유익을 위해서가 아니라 그리스도의 전체 몸을 위해 우리에게 주어진다. 각 구성원은 몸을 섬기고, 각 구성원은 합당한 예배를 위한 준비를 갖추며, 모든 구성원은 다른 이들에게 모범이 되도록 기대된다. 하지만 몸이 우리를 필요로 함과 아울러 우리도 몸을 필요로 한다.

또한 우리는 사도신경 내에서 '성도의 교제'가 자리한 위치에 주목해야 한다. 앞에서 보았듯이 그것은 성령에 대한 내용 다음에 나오며, 바로 이어서 죄 사함에 대한 내용이 나온다. 이 순서는 중요한 교훈을 담고 있다.

첫째, 오직 성령만이 죄인들을 성도로 만드실 수 있다. 그리고 마침내 우리가 천국에 들어가기까지 성령만이 이 거룩함을 성숙시키실 수 있다.

둘째, 성도는 죄 사함이 필요하다는 것을 결코 잊어선 안 된다. 하늘에 계신 우리 아버지께서는 신실한 신자들의 마음은 물론이고 신실한 회개자들의 마음에서도 우러나오는 "우리 죄를 사하여 주시옵고"라는 기도를 매일 들으신다.

그러나 죄 사함은 개인에게만 필요한 것이 아니다. 제도로서의 교회도 죄 사함을 믿을 때에만 평안을 찾을 수 있고, 그것은 교회라는 존재의 모든 측면에 적용된다. 교회의 회중과 지도자들과 모임과 집회와 공의회와 모든 교단이 죄를 범하며 하나님의 영광에 미치지 못한다.

여기서 주의할 점은, 우리가 교회에 죄 사함이 필요하다고 생각할 때, 과거에 보였던 불관용이나 인종 차별과 노예 매매에 연루된 것과 같은 역사적인 죄들만을 떠올리는 것이다. 하지만 과거 세대에게 회개를 촉구하기에는 너무 늦었다.

우리가 고민해야 하는 것은 지금 여기서 행해지는 교회의 죄들이다. 즉 우리가 야기하는 해악, 우리가 상한 갈대를 부러뜨리는 방식, 그리고 우리가 변화하는 세상 기준에 너무도 속히 빠져드는 모습이다. 우리의 교단 간 반목, 우리의 내적 분쟁, 우리를 인도하는 유일한 규정인 성경에 대한 우리의 포기, 우리의 합리화될 수 없는 자기 확신, 사명 수행에 대한 우리의 경감된 열정, 그리고 행동을 배제하고 묵상에 치중하는 우리의 집착에 대해 우리는 죄 사함을 받아야 한다.

우리 각자는 전체의 일부로서, 주님이 너무나 자주 보시는 것이 교회 내의 부패만이 아니라 교회의 부패이기도 하다는 것을 인정해야 한다. 그리고 우리는 "주님, 내가 그 사람이니이까?" 하고 여쭈어야 한다.

### 보편성

끝으로, 우리가 믿는 교회는 거룩한 보편 교회이다. 이것은 성경적 용어가 아니지만, 전통적으로 야고보와 베드로와 요한과 유다의 서신에 적용되어 온 용어다. 왜냐하면 바울 서신들과 달리 이 서신들의 수신인은 특정한 지역 교회가 아니라 전체 교회이기 때문이다. 이 용어가 '공교회'(공회)라는 표현으로 사도신경에 사용된 것도 이런 의미에서다. 보편 교회는 전 세계에 흩어진 모든 신자로 구성된 우주적인 교회이며, 모든 지역 교회를 포함하고 인종과 국적과 언어와 문화의 모든 장벽을 초월한다.

또한 '보편적'이라는 용어는 표준적인 믿음[8]을 고수하는 교회를 묘사하는 것이기도 하다. 사도적 정경을 거부하고 그리스도의 신성과 같은 기본 교리에 의구심을 표하며 독자적인 단체를 만드는 이단들이 연속적으로 일어남에 따라 이것은 더욱더 강조되었다. 그러한 이단들을 축출하기 위해, 그리고 반드시 보존해야 하는 교리들을 명백히 제시하기 위해 교회가 위대한 신조들을 만들게 된 것이 바로 이 같은 배경에서였다.

---

[8] 이 표현은 히에로니무스(Hieronymus)의 다음과 같은 말에서 유래하였다. "믿음이 있는 곳에 교회가 있다"(*ecclesia ibi est ubi fides est*).

381년 니케아 신조에 명시된 삼위일체 교리는 절대적으로 기본적인 교리였다.9) 거기서 교회는 의심이나 더 이상의 논쟁의 여지를 남기지 않는 어투로 성자와 성령의 영원한 신성에 대한 믿음과 하나인 신성의 통일성 안의 성삼위의 동등성에 대한 믿음을 선언했다.

그리고 70년 후인 451년에 칼케돈 공의회는 똑같이 명료하게, 그리스도의 한 인격 속에 두 가지 분명한 속성이 있음을 선언했다. 그리스도는 진정으로 또한 완벽하게 인간이시며, 그리고 진정으로 또한 완벽하게 하나님이시다. 사도신경은 다르지만 똑같이 중요한 접근 방식을 보였다.

앞에서 보았듯이 사도신경은 원래 세례를 받은 모든 사람이 고백해야 하는 믿음을 위해 준비된 것으로, 동정녀 탄생, 부활, 그리스도의 승천과 같은 위대한 복음적 이적들, 그리스도의 수난과 십자가 처형과 죽으심과 장사되심, 주님의 재림에 대한 기독교적인 핵심 소망, 그리고 "나는 거룩한 공교회(보편 교회)를 믿습니다."라는 고백을 그 믿음의 중심에 둔다.

이 신조들을 영국 국교회와 로마 가톨릭, 그리고 초기 교부들을 존중하는 다른 기독교 전승들을 특별히 보존하기 위한 것으로 보는 것은 심각한 오해일 것이다.10) 그것들이 '전 교회적 신조들'이라고 올바르게 불리는 것은 전체 교회에 소중하게 받아들여지며 전체 교회의 믿음을 표현하기 때

---

9) 이것은 381년에 콘스탄티노플 공의회가 승인한 325년 원래의 니케아 신조가 약간 확장된 형태이다. 엄밀히 말해서 이것은 니케아-콘스탄티노플 신조다. 일반적으로 받아들여지는 것은 이 확장된 형태다. 가장 중요한 추가 사항은 성령의 신성을 명확히 확언한 것이었다.
10) 고대 공의회의 신조들에 대한 칼빈(John Calvin)의 총평을 보라. "나는 그것들을 진심으로 존중하며, 모두 마땅한 영예를 지녔다 할 것이다." John Calvin, *Institutes of the Christian Religion*, ed. John T. McNeill, trans. Ford Lewis Battles (Philadelphia: Westminster Press, 1960), IV:IX, 1.

문이다. 따라서 그것들은 보편성의 시금석이다. 개혁주의 교회들은 그것들을 폐기하기는커녕 장로교 표준 신조인 웨스트민스터 신앙 고백을 포함하여 모든 위대한 개신교 신조들 속에 그것들의 요지를 병합시켰다. 따라서 종교 개혁은 초대 교회와 전혀 단절되지 않았다. 종교 개혁은 니케아 전통 안에 확고히 머무는 동시에 오직 믿음으로 의롭다 함을 받는다는 교리를 혁신적인 명쾌함으로 증언했다.

그 어떤 지역 교회도 보편 교회가 아닌 반면에 모든 지역 교회가 보편 교회의 일부인 것도 바로 이 사실에서 비롯된다.

초기의 교회들도 자신들을 그런 식으로 지칭했다. 예를 들어 『폴리카르포스의 순교에 대한 서머나인들의 편지』(Letter of the Smyrneans on the Martyrdom of Polycarp)는 '도처에 산재하는 거룩한 우주적(보편) 교회의 형제들' 모두에게 보내진 것이며, 폴리카르포스(Polycarpos) 자신은 '서머나에 있는 보편 교회'의 주교로 지칭된다.[11] 그리고 1921년 스코틀랜드 교회 헌장에서 밝히듯이, 특정한 지역 교회들에게 참인 것은 더 광범위한 지역이나 국가의 교회들에게도 참이다. 그 헌장은 스코틀랜드 교회를 '거룩하고 우주적인 보편 교회의 일부'로 묘사한다.

이러한 관점에서 비록 보편적으로 인정되는 교회의 지상 통치는 더 이상 존재하지 않지만, 보편적인 믿음을 고수하는 모든 지역 교회는 보편 교회의 일부이다. 역으로, 보편적인 믿음(전 교회적 신조들의 믿음)을 믿지 않는

---

11) *Letter of the Smyrneans on the Martyrdom of Polycarp*, in *The Apostolic Fathers*, ed. J. P. Lightfoot (1891, Reprinted Grand Rapids: Baker, 1978), pp. 103-107.

교회나 교단은 보편 교회의 일부로 간주될 수 없다. 그런 교회나 교단은 보편성 개념 전체를 무시할 수밖에 없으며, 그럴 경우 모든 개별 교회는 고립되고 과거의 지혜를 존중하지 않게 되며 현재의 살아 있는 믿음으로부터 끊어진다.

종교 개혁가들이 고대의 이 신조들을 거부하지 않았다면, 현대의 선교 운동을 통해 생겨난 새 교회들도 거부하지 말아야 한다. 종종 현저히 다른 문화를 지닌 아시아와 아프리카의 교회들이 서구 교회의 전통적인 신조를 채택하리라고 기대할 수 없다는 주장이 들린다. 하지만 우리는 지리적 차이가 믿음의 심각한 변화에 대한 이유가 될 수 없다고 주장하는 에이레나이오스(Eirenaios)의 말을 기억해야 한다. "비록 세계의 언어는 다르지만, 전통의 취지는 하나이며 동일하다. 왜냐하면 독일에 설립된 교회들이 다른 어떤 것을 믿거나 물려주지 않으며, 스페인이나 갈리아나 동양이나 이집트나 리비아 또는 세계의 중앙에 설립된 교회들도 마찬가지이기 때문이다."[12]

예수님의 메시지가 아람어에서 헬라어로, 헬라어에서 게일어와 영어와 독일어로 옮겨질 수 있었듯이, 니케아 공의회의 표현도 우르두어와 코사어와 일본어로 번역될 수 있다. 사실 그렇게 번역되어야 한다. 왜냐하면 세계의 젊은 교회들의 예배는 하나님의 독생자이신 예수님의 영원한 신성에 대한 확고한 믿음에 기인할 때에만 존속될 수 있기 때문이다. 동시

---

12) Irenaeus, *Against Heresies*, I:X, 2, in *The Ante-Nicene Fathers*, vol. I (1885, Reprinted Edinburgh, 1993), p. 331. (원서에 편집자 및 출판사 정보가 기재되어 있지 않다-편집자 주.)

에 오래된 교회들은 그리스도께서 전체 몸의 유익을 위해 보다 젊은 교회들에게 주신 은사들을 감사하는 마음으로 받아들여야 한다.

### 결론

그러면 '나는 믿는다.'라는 말이 교회와 관련하여 사용될 때, 그것은 무엇을 뜻하는가? 분명 그것은 우리가 교회의 말을 무엇이든지 믿어야 함을 뜻할 수는 없다. 물론 어떤 기독교 교리를 전 세계에 걸쳐 만장일치로 그리스도인들이 믿어 왔다는 것은 그 교리를 뒷받침해 주는 강력한 논거임이 분명하다. 그러나 웨스트민스터 신앙 고백이 지적하듯이, 니케아 공의회나 칼케돈 공의회 같은 공의회들마저도 내재적 권위를 지니고 있지 않았다.[13]

그들의 모든 선언은 성경에 비추어 점검되어야 한다. 장래의 전 교회적인 공의회에도 같은 원칙이 적용되겠지만, 이는 순전히 이론적인 것일 뿐이다. 왜냐하면 현재의 교회 상황에서 우리는 단일하며 보편적인 목소리를 결코 들을 수 없기 때문이다. 바티칸 공의회, 영국 국교회 대회, 장로교 총회, 독립 회중 교회들의 선언 등 어디에서나 우리는 다양한 교단의

---

[13] "사도 시대 이후, 모든 종교 회의와 공의회는 전반적으로든 특정석으로든 과오를 범할 수 있고, 또한 실제로 과오를 범한 경우가 많았다"(웨스트민스터 신앙 고백 31:4). "총체적인 공의회로서 합법적으로 함께 모인 경건한 사람들이 우리에게 제시해 온 것을 우리가 함부로 매도하지 않듯이, 총체적인 공의회라는 명목하에 사람들에게 강요된 것을 공정한 심사 없이 섣불리 받아들이지도 않는다"(스코틀랜드 신앙 고백 20).

목소리를 듣는다. 모두가 보편 교회의 일부일 수 있으나, 그 어떤 교단도 보편 교회를 대변하지 못하고, 그 어떤 교단도 새 교리나 새 계명을 제시할 권한 혹은 성경을 통해 말씀하시는 성령이 구속하시지 않는 그리스도인의 양심을 구속할 권한을 갖고 있지 않다.

사도신경의 정확한 표현을 주의 깊게 들여다보면, '나는 교회를 믿습니다.'에서 '믿습니다.'에 해당하는 영어는 '빌리브'(believe)가 아니라 '빌리브 인'(believe in)이다. 후자는 어떤 대상의 존재나 능력이나 가치를 믿고 신뢰한다는 뜻이다. 이것은 충격으로 다가온다. 그에 앞서 나온 항목은 성부 하나님을 믿고, 예수 그리스도를 믿으며, 성령을 믿는다고 말한다. 어떻게 '나는 교회를 믿습니다.'가 동일한 연장선상에 놓일 수 있을까?

분명 우리는 예수님을 믿는 것과 똑같이 교회를 믿진 않는다. 우리는 예수님을 우리의 주와 구주로 믿는다. 교회는 우리의 주도 아니고 구주도 아니지만, 우리는 하나님의 은혜를 전해 주는 통로이자 그 사역과 규례들을 통해 우리를 성숙하게 하는 공동체로서의 교회를 믿는다. 우리는 교회가 선포하는 말씀과 교회에서 거행되는 성례전과 함께 모이는 것을 통한 축복을 믿는다. 우리는 우리를 위해 기도하는 교회를 신뢰한다. 우리는 우리의 지원이 필요한 그 무엇이 아니라 우리를 지원해 주는 그 무엇으로서의 교회를 신뢰한다.

그러면 사도신경은 무슨 교회를 말하고 있는가? 그것은 어떤 이상적인 교회, 반드시 어떠해야 하는 교회인가? 아니다. 그것은 실제로 존재하는 교회다. 오직 하나님께만 알려진, 흠도 점도 없는 비가시적인 교회가 아니라 우리의 형제자매들에게서 우리가 보는 교회이다. 뒤섞이고 오류가 있는 교회이다.[14] 오직 남은 자만 신실하였던 구약 시대의 교회, 분열과 거짓된 영성관을 지녔던 고린도 교회, 처음 사랑을 잃어버렸던 에베소 교회, 성적 부도덕을 조장하는 선지자들을 용인했던 두아디라 교회와 같은 교회이다.

우리가 믿는 교회는 언제나 죄 사함과 개혁과 부흥이 필요하다. 우리가 믿는 교회는 여전히 임시적이며 그리스도의 재림 때까지는 완벽하지 않을 것이다.

우리 자신의 교회, 우리가 속한 회중을 믿는 것이 아마도 가장 힘들 것이다. 하지만 그것도 우리 신조의 일부다. 우리는 우리의 지역 교회를, 선포되는 복음에 우리가 함께 귀 기울이고 성례전의 떡과 포도주를 함께 공유하는 거룩한 백성의 공동체로 믿는다. 우리는 우리가 위하여 기도하는 교회를 믿으며 그 회중의 기도에서 우리를 기억할 것을 의탁한다.

우리의 교회는 바람직한 교회에 대한 우리의 꿈을 깨뜨릴 수도 있다. 그러나 본회퍼(Dietrich Bonhoeffer)가 지적하듯이 그런 꿈은 환멸을 느끼게 할 수 있을 뿐이다. "다른 사람들에 대한 환멸, 일반적인 그리스도인들에 대한 환멸, 그리고 그러면 다행이겠지만 우리 자신에 대한 환멸이다."[15]

믿음은 꿈의 세계에서 살기 위해 요구되는 것이 아니며, 그리스도인의 형제애는 우리가 실현하도록 요청받는 이상이 아니다. "그것은 그리스도

---

14) "하늘 아래 가장 순전한 교회도 혼합과 오류를 피할 수 없다"(웨스트민스터 신앙 고백 25:5).
15) Dietrich Bonhoeffer, *Life Together* (London: SCM Press, 1954), p. 15.

안에서 하나님이 조성하시며 우리가 참여할 수 있는 현실이다."[16] 우리를 성도들과 함께하는 동료 시민이자 하나님의 권속의 구성원으로 만드신 분은 하나님이시다. 우리는 우리의 꿈에 부합하도록 하나님이 그분의 권속을 재구성하시는 것을 우리의 참여 조건으로 할 수 없다.

---

16) Ibid, p. 18.

Faith Undaunted

# 13

## 좁은 길

나는 믿고, 나는 내가 믿음을 알고 있고, 나는 내가 믿는 것을 알고 있으며, 또한 나는 내가 왜 믿는지 알고 있다. 그리고 나는 믿음이 도착점이 아니라 출발점이라는 것도 알고 있다. 그것은 "나를 따르라."라는 그리스도의 부르심에 대한 우리의 응답이며, 그 순간 이후로 우리는 항상 그분을 바라보며 그분의 길을 따라 걷는 순례자이다.

### 좁은 문으로 들어감

그 길은 무엇인가?

무엇보다도 먼저 그 길은 좁은 문을 통해서만 들어설 수 있는 길이다(마 7:13). 이 사실이 분명히 시사하는 것 중 하나는 우리가 한 사람씩 그 문을 통과해야 한다는 것이다. 십자형 회전문을 생각해 보라. 수천 명이 그

문을 통과할 수 있지만 각각 혼자서 통과한다. 좁은 문의 경우도 마찬가지다. 우리는 단체로 통과하지 못한다. 우리는 개인으로 통과해야 하며, 그 길을 각자가 선택하고 각자가 예수님을 따르기로 결단해야 한다. 믿음과 회개는 철저히 개인적인 일이며, 거의 같은 시간에 많은 사람이 그 문을 통과할 때도 마찬가지다. 베드로와 그의 형제는 같은 날에 통과했지만(막 1:16-18), 각각 자신의 선택으로 통과했다. 오순절에도 마찬가지였다. 그날에 3천 명이 십자형 회전문을 통과했으나, 각각 자신의 방식에 따라 자기 나름의 이유로 통과했다. 베드로는 "너희가 회개하여 각각 예수 그리스도의 이름으로 세례를 받고 죄 사함을 받으라"(행 2:38)라는 마무리 당부에서 이 점을 인식했다. 그것은 개인적인 결단을 촉구하는 말이었다.

둘째, 좁은 문으로 들어간다는 것은 군중에서 분리되어야 함을 뜻한다. 여기서 논점은 문이 둘이라는 것이다(마 7:13-14). 좁은 길로 인도하는 좁은 문이 있고, 넓은 길로 인도하는 넓은 문이 있다. 분명 우리 앞에 선택이 놓여 있지만, 그 선택은 두 가지로 제한되어 있다. 세 번째 문은 없으며, 좁은 길과 넓은 길 사이의 중간 길도 없다. 예수님의 부르심에 직면하여 우리는 이 문 아니면 저 문을 선택해야 한다. 만일 우리가 좁은 문을 선택하면 곧바로 대가가 수반된다. 우리는 군중으로부터 분리되어야 한다. 군중은 이미 넓은 길을 택하여 무리 지어 그 문을 통과하고 있기 때문이다. 반면에 만일 당신이 좁은 문을 선택하면 고독한 길을 가는 자신을 발견하게 될 것이다. 이전의 동행자들 가운데, 당신의 친구들이나 사랑하는 자들 가운데 당신과 같은 선택을 한 이는 극히 소수일 것이기 때문이다. 당신의 행보는 공개적이기에 그들은 당신이 떨어져 나갔음을 알게 될 것이다. 그러나 그들은 당신을 따르지 않을 것이다. 좁은 문을 선택하면 언제나 사회적 대가가 수반된다.

셋째, 그 문이 좁기 때문에 우리는 많은 짐을 뒤에 남겨 두어야 한다. 십자형 회전문을 다시 생각해 보라. 당신 자신은 그 문을 통과할 수 있지만 당신의 자전거나 골프채나 큰 상자를 통과시키진 못한다. 누구나 좁은 문 앞에 서는 사람은 넓은 길에서 방금 벗어났기 때문에 오래도록 쌓인 자신의 생활 방식을 여전히 지니고 있다. 그런데 그것을 모두 가지고 문을 통과할 순 없다. 예수님을 따르는 것은 언제나 우리의 옛 생활 방식에서 돌이키는 것을 뜻한다.

고린도전서의 수신자였던 새 신자들에 대한 바울의 묘사를 기억하는가? 그들은 평판이 좋지 않은 그 도시의 부패하고 방탕한 생활 방식을 공유했으며, 사도는 그런 삶이 무엇을 뜻하는지 엄중하게 묘사했다(고전 6:10-11). 그들은 성적으로 부도덕했고, 우상 숭배자, 동성애자, 도적, 탐욕을 부리는 자, 술 취하는 자, 모욕하는 자, 속여서 빼앗는 자들이었다. 이러한 것이 그들을 구원받지 못하게 한 것은 아니지만, 그런 생활 방식을 지니고서는 그 문을 통과할 수 없었다. 구원의 특성 자체로 볼 때 그들은 그것들을 버려야 했으며, 그리하여 사도는 "너희 중에 이와 같은 자들이 있더니"라며 의기양양하게 선언할 수 있다(고전 6:11). 그들이 과거에는 그러했으나 이제는 그렇지 않다.[1]

모든 그리스도인이 예전에 고린도식의 생활 방식을 따랐던 것은 아니다. 바울 자신도 분명 그런 방식을 따르지 않았다. 하지만 그는 자신의 바리새주의를 포기해야 했고, 자신이 지녔던 삶의 계획을 전격적으로 수정해야 했다(빌 3:7-11). 이런저런 형태로, 이것은 단지 명목상의 기독교적 배경으로부터 그리스도께로 돌이킨 사람들을 포함하여 모든 그리스도인에게 적용된다.

토머스 찰머스(Thomas Chalmers)는 목사 안수를 받은 후에도 영적인 일에 대해 실제적인 관심이 없었으며, 여러 해 동안 자신의 신앙생활을 적당히 조절했다. 한 주에 이틀이면 성직자의 책무를 수행하는 데 충분하다고 자부했으며, 나머지 닷새는 그의 관심을 끌었던 학문 연구에 할애했다. 그러나 하나님이 그의 영혼의 실상과 너무도 중차대한 영원과 기독교

---

1) 같은 원칙이 갈라디아서 5장 19-21절에 나오는 '육체의 일' 목록에도 적용된다. 이 목록은 시기와 분냄과 당 짓는 것을 포함한다. 이것들도 그 문 앞에서 내버려져야 한다.

목회자의 엄중한 책임을 보여 주셨을 때, 모든 것이 변했다. 그는 자신이 선호했던 학문에 대한 꿈을 그 문에서 내버렸고, '스코틀랜드의 기독교적인 미덕'을 진전시키는 일에 일념으로 투신했다. 회심은 적당주의에 대해 죽는 것이다.

세속적 인도주의의 배경에서 지내다가 그 문에 이른 사람들도 버려야 할 것이 당연히 많다. 그들은 현생이 전부라고 하는, 한 사회의 가치관과 관습 모두를 지니고 있다. 그 가치관과 관습은 부와 권력과 쾌락, 그리고 다른 무엇보다 자신의 규칙을 정하는 자유를 목표로 삼는다. 이 가치관과 생활 방식과 자유는 그 문에서 다 버려져야 하며, 모든 행동과 생각과 소원은 그리스도께 복종해야 한다. 그러면 삶이 그리스도께서 승인하시는 것에 한정되고 그분이 약속하시는 것에 따라 확장된다.

히브리서 기자는 그리스도인의 삶을 경주로 묘사할 때(히 12:1-2), 우리에게 달라붙은 죄는 물론이고 모든 '무거운 것'까지 다 벗어 버리라고 당부한다. 그 경주는 힘겨울 것이기에, 과도한 짐을 지고서는 그것을 감당해 낼 수 없다.

히브리서 기자가 염두에 둔 무거운 것은 성경에서 금하는 '죄들'이 아니다. 그것은 우리의 제자도를 방해하고 우리의 영적 삶을 가로막으며 주님의 일에 더욱 힘쓰지(고전 15:58) 못하게 하는 것들이다.[2] 기자가 염두에 둔 것의 무게는 어느 정도일까? 세속 활동이나 레크리에이션을 일절 포기할

---

2) 죄에 빠지게 하는 오른쪽 눈을 차라리 빼어 버리고 죄에 빠지게 하는 오른손을 차라리 절단하라고 하신 예수님의 말씀을 이 내용과 비교해 보라(마 5:29-30).

것을 당부하는 것은 분명 아니다. 세속 세계에도 그리스도인이 필요하며 (마 5:13-16), 우리의 몸과 마음도 레크리에이션이 필요하다. 더 세부적으로 들어가면, 사실상 어떤 그리스도인에게는 무겁지 않은 것이 다른 그리스도인에게는 치명적인 짐일 수 있다. 그것은 습관일 수 있고, 우리가 선택한 직업일 수 있고, 우리가 사는 곳일 수 있고, 혹은 학문적 추구(심지어 신학 연구)일 수도 있다. 그 가능성은 무한하다. 지침은 바울이 빌립보서 1장 21절에 제시한 것이어야 한다. "내게 사는 것이 그리스도니" 그런 삶을 살려는 나를 가로막는 모든 것이 내게 무거운 것이며, 나는 그것을 내려놓아야 한다.

### 좁은 길

일단 우리가 좁은 문을 통과하면 어디에 놓일까? 좁은 길이다(마 7:14). [3] 그것은 예수님이 지시하신 길이며 영생으로 향하는 유일한 길이지만, 그 길로 나아가는 사람은 극히 드물다. 그 곁에는 넓은 길이라 불리는 또 다른 길이 있기 때문이다. 이 넓은 길은 훨씬 더 쉽게 갈 수 있기 때문에 인기가 많다. 그 길은 생각과 행동의 자유를 많이 허용하며, '내가 할 수 없는 것을 내게 말하는 사람은 아무도 없다.'를 기본 방침으로 삼는 세대에게 몹시 매력적이다. 믿기 어려운 교리나 순종해야 할 도전적인 명령이

---

[3] 예수님이 좁은 길을 구체적으로 언급하시진 않았으나, 그것은 넓은 문을 통해 들어서게 되는 길과 분명히 대조된다.

없으며, 중요한 규칙은 하나뿐이다. '그 누구도 (혹은 하나님도) 네가 무엇을 생각해야 하는지를 네게 말하지 못하게 하라.' 각자 자신에게 참되다고 느끼는 것을 믿고, 자신에게 옳다고 느끼는 것을 행한다. 좁은 길보다는 넓은 길을 이용하는 사람들이 훨씬 더 많은 것이 사실이지만, 넓은 길의 인기는 단지 이용자들의 수효가 많아서가 아니다. 그것은 질의 문제이기도 하다. 거의 모든 유명인, 미모를 지닌 사람, 성공한 사람, 그리고 권력을 지닌 사람이 그 길을 이용한다.

좁은 길은 전혀 다르다. 이 길에서 당신은 이상한 사고 영역으로 자유롭게 들어서지 않으며, 유행하는 온갖 생활 방식으로 자유롭게 자신을 실험하지 않는다. 자유롭게 "단지 너 자신이 돼라."라고 말하지도 않는다. 대신에 당신의 신념은 예수님이 가르치신 진리로 한정되고, 당신의 행동은 산상수훈에서 예수님이 설정하신 분명한 경계들로 한정된다. 이것이 그리스도인의 교통 법규이다(보행자들을 위한 것이기도 하다). 그것은 진입 금지, 우회전 금지, 유턴 금지, 도로 차단 같은 분명한 '금지 사항들'을 포함한다. 이 길에서 중요한 것은 감정이 아니라 하나님의 법을 준수하는 것이다. 분노나 탐욕이나 분리나 보복이나 비판주의가 있어선 안 된다.

그 법규는 분명한 '당위 사항들'도 제시한다. 우리는 다른 뺨을 돌려 대고, 더 먼 거리를 동행하고, 원수를 사랑하며, 황금률에 따라 살아야 한다.[4] 더 나아가 우리는 선한 사마리아인의 비유에서 보여 주는 것과 같

---

4) "무엇이든지 남에게 대접을 받고자 하는 대로 너희도 남을 대접하라"(마 7:12).

은, 그리스도인의 생생한 모범적인 행동을 추가해야 한다. 그 비유에서 경고하듯이 우리가 시련과 고통에 처한 사람을 마주칠 때 지나쳐선 안 된다. 하나님의 크신 자비를 입은 우리는 '이런 상황에서 어떻게 해야 할까?' 하고 자문해야 한다.

과연 이것은 위험한 율법주의에 가까울까? 마르틴 루터(Martin Luther)의 위대한 이신칭의 교리와 상충할까? 이신칭의 교리는 거저 베푸시는 은혜의 복음의 기초이며, 그리스도께서 갈보리 십자가에서 우리를 위해 이미 온전히 속죄하셨으므로 우리가 자신의 죄를 속할 필요가 없다는 것을 확신하게 한다. 이것은 어떤 대가를 치르더라도 지켜야 하는 진리가 아닌가? 그렇다. 하지만 십자가 은혜를 찬양하되 충실한 루터교도였던 디트리히 본회퍼(Dietrich Bonhoeffer)의 신중한 말을 명심하자. "순전한 은혜의 복음을 발견함으로써 루터가 세상에서 하나님의 계명들에 순종하지 않아도 된다는 면제를 선언했다고 생각하는 것보다 더 루터를 심각하게 오해할 수는 없다."[5]

이것은 전적으로 그리스도의 마음과 일치한다. 그분은 자신이 율법을 폐하러 온 것이 아님을 분명하게 밝히셨을 뿐만 아니라(마 5:17) 그분에 대

---

5) Dietrich Bonhoeffer, *Discipleship*, in *Works*, vol. 4, trans. Barbara Green, Reinhard Krauss (Minneapolis: Fortress Press, 2003), p. 49. 다음을 참조하라. 목회자가 회중 가운데서도 회심한 자들에게 가져야 할 책임에 대해 토머스 찰머스(Thomas Chalmers)가 밝힌 견해는 다음과 같다. "그들에게 특별히 적합한 것은 성결한 삶의 세부 사항들, 믿음과 매일의 삶에 대한 의무들, 그리고 남편과 아내와 자녀와 스승과 섬기는 자와 사회의 구성원으로서 그의 청중들에게 부여된 책무들에 대해 광범위하고도 분명한 목회를 하는 것이다." Thomas Chalmers, *Institutes of Theology*, vol. II (Edinburgh: Thomas Constable, 1856), pp. 487-488.

한 우리의 사랑을 보여 주는 중요한 표지가 그분의 계명을 지키는 것이라고 선언하셨다(요 14:15). 무시되는 경우가 많지만, 지상대명의 핵심에도 같은 원칙이 들어 있다. 거기서 예수님은 사도들에게 가서 만민을 제자로 삼으라고 지시하실 뿐만 아니라, 새 회심자들을 가르쳐서 "내가 너희에게 분부한 모든 것을 지키게 하라."라고도 명하신다. 좁은 길을 걸어야 하는 자들은 바로 믿음으로 의롭게 된 자들이다. 그 길은 성결의 길이며, 성결은 무엇보다도 순종이다.

## 힘든 길

그 길은 좁기만 한 것이 아니다. 그것은 두 가지 이유에서 힘들기도 하다. 그것은 자기 부인의 길이며, 십자가의 길이다.

먼저 그것은 예수님이 분명히 말씀하셨듯이 자기 부인의 길이다. "누구든지 나를 따라오려거든 자기를 부인하고"(막 8:34). 이것은 사순절에 행하듯이 삶의 어떤 부분을 부인하는 문제가 아니다. 자신에 대해 "아니다!"라고 말하는 문제다. 자기애 그리고 자기애와 관련된 다른 그릇된 사랑을 포기하는 것이다. 특히 돈과 쾌락에 대한 사랑을 포기하는 것이다(딤후 3:2-4). 물론 우리는 자신만의 필요와 취향과 선호를 여전히 지니고 있다. 하지만 그것은 더 이상 우리의 우선순위에 있지 않다. 전혀 새로운 우선순위로 인해 그것은 한때 지녔던 위치에서 밀려났다. 그 새로운 우선순위란, 하나님의 이름을 높이는 일과 그분의 나라를 확장하는 것과 그분의 뜻을 행하는 것(우리가 주기도문을 드릴 때 마음에 두는 것들)이다. 그리스도가 주님이신 곳에서는 자아가 밀려난다.

그리고 자아가 밀려날 때 주변 사람들과의 관계도 혁신될 것이다. 우리는 다른 사람들을 우리 자신보다 더 중요시하며 자신에게 필요한 것보다 다른 사람들에게 필요한 것에 우선순위를 둔다(빌 2:3-4). 결국 우리는 그리스도의 길을 걷고 있으며, 그분의 길은 자신을 궁핍하게 하면서라도 다른 이들을 부요하게 하는 것이었다(고후 8:9). 그분은 자신의 권리를 내세우지 않으셨고 아버지의 영광과 잃어버린 바 된 세상에 필요한 것에 초점을 맞추셨다.

하지만 우리에게는 자신이 선택할 수 있는 유형의 자기 부인이 주어져 있지 않다. 삶을 변화시키는 단 한 가지 선택만 주어져 있다. 예수님을 따르는 것이다. 그리하면 자기 부인이 뒤따를 것이다.[6] 제자들은 시련이나 상실을 찾아다닐 필요가 없었다. 그들이 주님과 함께 있었기 때문에 그것이 뒤따랐다. 이는 예수님이 친히 언급하신 바다. "너희는 나의 모든 시험 중에 항상 나와 함께한 자들인즉"(눅 22:28). 결국 그들은 자신의 머리 둘 곳도 없으셨던 분을 따르고 있었다. 주님은 모든 유력한 자들에게 미움과 멸시를 당하셨다. 갈릴리 바다의 폭풍 가운데서 목숨이 위태로워진

---

[6] 또한 그것은 자신에 대한 진실을 대면하는 것으로 일어난다. C. S. 루이스(C. S. Lewis)는 자신을 처음으로 진지하게 점검했을 때 발견했던 사실을 생생하게 묘사했다. "나를 섬뜩하게 했던 것을 발견했다. 탐욕의 소굴, 야욕의 수라장, 공포의 온상, 증오의 하렘이었다. 내 이름은 군대였다." C. S. Lewis, *Surprised by Joy: The Shape of My Early Life* (1955, Reprinted London: Fontana Books, 1960), p. 181. 일단 그 거울을 들여다보면 자신을 계속 숭배하기가 어렵다.

것은 그들의 개인적 선택이 아니었다(막 4:35-41). 그들은 그저 그분과 함께 있었을 뿐이었다. 그분이 승천하신 후에도 그분을 따른다는 것은 어김없이 자신의 무사안일과 주님을 향한 충성 사이에서 선택해야 함을 의미했다. 다소의 사울은 예수님을 위하여 많은 고난을 당하기 위해 택하심을 받았지만(행 9:16), 그 고난이 어떤 형태일지에 대해 들은 바가 없었다. 그가 하늘의 비전에 순종하는 삶을 살아감에 따라 찾지 않은 고난에 직면할 것이었다(행 26:19).

모든 신자의 경우도 마찬가지다. 그리스도인의 삶을 경주로 묘사하면서(히 12:1) 히브리서 기자는 우리가 그 과정을 선택하는 것이 아님을 분명히 밝힌다. 우리는 우리 앞에 놓인 길을 따라가야 한다. 우리가 그 경로를 선택하는 것이 아니라면, 장애물이나 결승선의 위치마저도 우리가 선택하는 것이 아니다. 우리에게 알려지는 것은 그 경주가 큰 인내력을 요하며 한계치까지의 영적인 힘을 요구한다는 것이 전부다. 뿐만 아니라 우리는 그 경로를 설계하신 분의 손 안에 있다.

오 주님, 내 길이 아닌 주님의 길이 아무리 어두울지라도
주님의 손으로 나를 이끄시며 나를 위한 길을 친히 택하소서.

호레이셔스 보나(Horatius Bonar)[7]

---

[7] 뉴먼(John Henry Newman)의 찬송가 '내 갈 길 멀고 밤은 깊은데'(Lead Kindly Light)의 가사를 참조하라. "내 갈 길 멀고 밤은 깊은데 빛 되신 주 저 본향 집을 향해 가는 길 비추소서. 내 가는 길 다 알지 못하나 한 걸음씩 늘 인도하소서."

이는 우리가 하나님께 주권을 넘기는 문제가 아니다. 하나님은 언제나 주도하시며 우리를 항상 인도해 오셨다. 그것은 그 점을 인정하는 문제이며 모든 것이 합력하여 선을 이루게 하시는 하나님을 신뢰하는 문제이다(롬 8:28).

### 십자가의 길

둘째, 그 길이 힘든 것은 십자가의 길이기 때문이다. 그러나 자기 부인의 경우처럼, 십자가를 지는 것도 그리스도를 따르고자 하는 결단에 뒤이은 추가적인 이차적 결단이 아니다. 그것은 그리스도의 백성, 그리스도를 따르는 무리에게 불가피한 것이다. 예수님의 말씀을 직접 들었던 제자들은 공개적인 십자가 처형이 무엇인지 너무도 잘 알고 있었기에, 그분의 말씀이 무엇을 뜻하는지 곧바로 깨달았을 것이다.

그분은 오늘날 우리가 사용하는 "누구에게나 자신이 져야 할 십자가가 있다."와 같은 상투적인 말을 뜻하시지 않았다. 그분의 말씀은 그리스도인들이 자기 몫의 삶의 문제에 직면할 거라는 정도의 뜻이 아니었다. 예수님의 경우에서 볼 수 있듯이, 십자가는 처형 수단이었으며, 정죄당한 죄수는 자신의 십자가를 처형 장소까지 짊어지고 가야 했다(요 19:17).

예수님이 하신 말씀은 그분의 제자가 되는 것은 자신의 사망 증명서에 서명하는 것과 같음을 뜻했다. 그것은 결코 공허한 경고가 아니었다. 그분의 제자들 중에서 최소한 둘이, 곧 야고보와 베드로가 예수님을 따르는 최종 대가를 지불했으며, 스데반과 바울도 그러했다. "전형적인 그리스도인은 순교자다."라고 했던 제임스 덴니(James Denney)의 말 속에는 엄숙한 진실이 담겨 있다.[8]

핍박의 격렬함은 장소와 시대에 따라 다르겠지만,[9] 변함없는 사실은 주님이 친히 선언하셨듯이 세상이 주님을 미워하듯 그분을 따르는 자들도 미워한다는 것이다(요 15:18).

세상의 유력한 종교들과 강력한 독재 정권들은 그리스도에게서 그들 자신의 미래에 대한 강력한 위협을 보고, 기독교 선교에 대해 문을 닫으며, 기독교의 파란 싹을 보자마자 속히 제거하려 든다. 심지어 관대한 서구 민주 국가들마저 기독교 윤리가 제시하는 인간의 자유(특히 남녀평등)에 노출되는 것을 두려워한다. 당분간은 기독교적 신념을 형법으로 철저히 제재하지 않지만, 분명 그들은 그 공간을 제한하며 공개 석상에서 그 목소리를 금지시키는 일에 몰두하고 있다.

그리스도인들이 핍박을 자초하거나 조장해선 결코 안 된다. 우리의 의무는 예수님을 철저히 따르며 그로 인한 결과를 받아들이는 것이다. 순례자는 첫걸음을 뗄 때 명심해야 한다. 세상은 그의 경건을 칭찬하거나 그를 사회의 기둥으로 존경하지 않을 것이다. 하나님이 세상의 적대와 조롱

---

8) James Denney, *Jesus and the Gospel* (London: Hodder and Stoughton, 1909), p. 234.
9) "말세에 고통하는 때가 이르러"(딤후 3:1)라는 바울의 경고를 참조하라. 하지만 "우리가 디모데후서 3장 1절의 말세와 관련하여 이해해야 하는 것은 말세가 한결같고 지속적으로 악한 때라는 것이 아니라 '위험한 시기'를 모두 포함한다는 점이다."라고 한 스토트(John Stott)의 설명에도 주목하라. John R. W. Stott, *Guard the Gospel: The Message of 2 Timothy* (London: Inter-Varsity Press, 1973), p. 83. 물론 '말세'라는 말은 그리스도의 초림과 재림 사이의 전체 기간을 가리킨다.

에 제한을 가하실 수도 있지만, 좁은 길을 걷는 모든 사람은 주님이 당하셨던 것과 같은 일을 당하는 위험을 무릅쓴다.

014

선한 목자를 따라

예수님의 길에 대해, 그것이 좁은 길이며 힘든 길이라는 것 외에는 더 언급될 것이 없을까? 물론 있다! 그것은 생명으로 인도하는 길이다. 우리가 그 길을 걷는 동안 하나님의 선하심과 인자하심이 날마다 우리와 함께한다. 그 여정이 끝날 때, 우리는 주님의 집에서 영원히 거할 것이다.

이것이 시편 23편에 대한 우리의 익숙한 느낌이다. 그 시편은 종종 '목자 시편'이라고 지칭되는데, 이 제목은 전적으로 적절하다. 그 전반적인 주제가 양들을 위한 선한 목자의 돌보심이기 때문이다. 그 길이 아무리 힘들지라도 우리는 예수님과 함께한다는 보상을 받는다.

이 시편이 '순례자 시편'이라고 불릴 수도 있다는 것도 '목자'라는 주제를 약화시키지 않는다. 동양에서는 목자가 양 떼 앞에서 가고 양들이 뒤따라갔다는 점을 고려하면 특히 그러하다. 그리스도인의 경험이 꼭 그와 같다. 우리는 "나를 따르라."라는 예수님의 부르심에 응답하고 있다.

시편 23편은 선한 목자가 우리를 인도하시는 환경의 변화에 대한 묘사다. 그 길은 힘들고 위험할 수 있지만 우리는 엄청난 특권을 지닌 양 떼다. 그러나 그 모든 특권을 누리는 것은 여정이 끝난 후이다.

### 목자

우리에게 주어진, 첫 번째이자 가장 분명한 특권은 목자이시다. "여호와는 나의 목자시니"(시 23:1). 이 시편 기자에게 목자는 여호와, 이스라엘의 하나님[1]이셨다. 그분은 천지를 창조하셨고, 그분의 백성을 애굽에서

---

[1] 오늘날 학자들 사이에서는 이 신성한 칭호를 '야훼'로 발음해야 한다는 합의가 이뤄져 있지만, '여호와'라는 이름이 전승으로 (그리고 기독교 예배에서) 너무나 확고하게 굳어져 있으므로 이 문맥에서 '야훼'라는 칭호를 사용하는 것은 학자연하는 인상을 줄 것이다. 원래의 발음에 대한 확실한 단서가 없다는 점에서 특히 그러하다.

이끌어 내셨으며, 홍해를 지나도록 그들을 인도하신 분이시다. 그분은 긍휼이 많으시고 은혜로우시며 노하기를 더디 하시고 인자하심이 풍부하신 하나님이셨다(시 103:8). 다윗이 자신의 목자라고 지칭한 분이 바로 이 하나님이었다. 이렇게 표현한 구약의 선지자는 다윗만이 아니다. 이사야서에서 가장 인상적인 구절 중 하나도 하나님을 가리켜 유사한 표현을 쓴다.

**그는 목자같이 양 떼를 먹이시며 어린 양을 그 팔로 모아 품에 안으시며 젖 먹이는 암컷들을 온순히 인도하시리로다**(사 40:11).

하지만 그리스도인으로서 우리가 이 시편을 노래할 때, 우리는 구약의 빛 안에서만이 아니라 신약의 빛 안에서도 그리한다. 특히 성육신의 밝은 빛 안에서 그리한다. 예수님 안에서 우리의 목자이신 여호와께서는 인성을 취하셨고, 우리 가운데 거하셨고, 우리의 경험을 공유하셨으며, 또한 친히 좁은 길을 걸으셨다. 따라서 그분은 우리와 함께 우리의 모든 연약함을 느끼실 수 있고 우리가 당해야 하는 모든 시련을 이해하실 수 있다(히 4:15). 인간에게 속한 그 어떤 것도 그분께 낯설지 않았다.

요한계시록 7장 17절에서 그리스도의 양 떼인 교회를 어린 양의 목양을 받는 것으로 묘사한 것도 바로 이 때문이다. "보좌 가운데에 계신 어린 양이 그들의 목자가 되사[2] 생명수 샘으로 인도하시고." 양 떼는 결코 다

---

[2] '목자가 되사'에 해당하는 헬라어 포이마네이(*poimanei*)는 '목자'를 뜻하는 포이멘(*poimēn*)의 동사형이다.

음과 같이 말하지 못한다. "그분에게는 우리를 위하는 마음이 없다. 그분에게는 양이라는 것이 무엇인지에 대한 개념이 없다." 반대로 그분은 모든 면에서 우리와 같으시다(히 2:17). 그분이 우리의 자연적인 인간으로서의 한계를 친히 경험하셨다는 뜻에서는 물론이고, 그분의 '친구들'의 삶에 수반되는 스트레스와 압박감을 모두 겪으셨다는 뜻에서도 그러하시다(요 15:13).

신약성경이 구약성경의 명료한 묘사를 능가하지 못하는 한 가지 분명한 사실이 있다. 다윗은 여호와를 '우리의' 목자만이 아니라 '나의' 목자로도 묘사한다. 그 목자는 각각의 양을 돌보시며 각각의 양에게 전념을 기울이신다.

이는 요한복음 10장 3절과 14절에 묘사된 내용과 일치한다. 선한 목자는 각각의 양의 이름을 아신다. 물론 이것은 일상의 목양에서도 마찬가지인 사실이다. 나를 포함하여 우리 대부분에게는 모든 양이 같아 보인다. 우리는 한 양과 다른 양을 식별하지 못한다. 그러나 선한 목자는 식별할 수 있다. 그는 각각의 얼굴을 알아보며, 각각의 이력을 안다.

인간 목자에게 사실인 것은 목자이신 하나님께는 더욱 그러하다. 그분의 양 떼는 너무 많아서 셀 수 없을 정도지만(계 7:9), 그분은 각각의 이름을 아시고, 각각의 얼굴을 결코 잊어버리지 않으시며, 그들 서로를 결코 혼동하지 않으신다.

그분이 양들을 최근에 아시게 된 것이 아니다. 그분은 영원부터 그들 각각을 아셨고(롬 8:29), 언제나 각각을 사랑하셨고, 언제나 각각을 위한 계획을 가지고 계셨으며, 또한 언제나 각각을 위해 자신의 생명을 내려놓고자 하셨다(갈 2:20).[3] 그들이 아무리 연약해도, 아무리 방황하며 길을 잃기 쉬워도, 아무리 포기하려는 유혹을 받더라도, 그분은 모두를 안전하게 집으로 데려가실 것이다.

하지만 그 양들은 걸어가야 한다. 시편 23편은 그 양들의 여정에 대해 묘사한다. 이 시편은 아무것도 부족함이 없는 양 떼를 그린 목가적인 그림으로 시작한다. 길은 더 이상 힘들게 느껴지지 않는다. 양 떼는 푸른 풀밭에 누워서 잔잔하게 흐르는 물소리를 듣고, 쉼과 회복의 시간을 즐긴다. 당분간은 그 길이 평탄하며 편안하다.

선한 목자는 자신의 양들을 혹독하게 몰지 않으신다. 모든 그리스도인의 삶에는 쉼과 원기 회복의 순간이 있다. 우리가 하나님의 사랑과 용서를 충분히 확신하고, 분명한 기도 응답을 받고, 그분의 백성으로서 친교를 통해 신선한 활력을 얻고, 그분의 말씀을 먹으며, 또한 말할 수 없는 영광스러운 즐거움으로 기뻐하는(벧전 1:8) 때이다.

우리의 날들 중 이러한 때가 과연 얼마나 될까? 그런 날은 적지 않을 것이다. 우리는 약속의 땅을 정탐하기 위해 파견되었던 자들처럼, 마치 선한 목자가 제공하시는 것이 피와 노고와 눈물과 땀뿐인 듯, 나쁜 보고를 하지 않도록 주의해야 한다. 우리는 이 세상에서도 있는 그대로를 말해야 한다.

---

3) "내가 육체 가운데 사는 것은 나를 사랑하사 나를 위하여 자기 자신을 버리신 하나님의 아들을 믿는 믿음 안에서 사는 것이라"(갈 2:20).

'있는 그대로'는 푸른 풀밭과 쉴 만한 물가를 포함한다. 우리에게는 세상에서 가장 선하신 목자가 계시며, 그분은 세상에서 가장 좋은 영적 환경을 지나도록 우리를 인도하시고, 세상에서 가장 좋은 양식과 가장 좋은 안전을 우리에게 제공해 주신다.

### 사망의 음침한 골짜기

하지만 그때 갑자기 장면이 바뀌고, 우리는 전통적으로 '사망의 음침한 골짜기'라고 불려 온 곳을 지나는 양 떼를 본다.

여기서 시편 기자는 사별이나 자신의 임종과 같은 구체적인 상황을 생각하지 않는다. 혹은 끔찍한 심리적 경험을 생각하고 있지도 않다. 반대로 그는 이 골짜기를 자신이 통과해야 한다면 두려움 없이 그렇게 하겠다고 결심한다.

그럼에도 불구하고 그 묘사되는 내용은 섬뜩하다. 그는 사망의 음침함이 깔린, 미지의 보이지 않는 위험이 숨어 있는 좁은 골짜기 안의 자신을 상상한다. 그것은 평범한 시련이나 스트레스에 대한 묘사가 아니다. 그것은 극한적인, 쉽게 말로 표현될 수 없는 상황에 대한 묘사다. 직접 겪어 보지 않고는 뭐라고 말하기 힘든 것이다.

우리는 그 골짜기를, 존 번연(John Bunyan)이 그랬듯이, 악령들과 도깨비들과 사티로스들이 출몰하는 곳과 확실히 결부시키지는 못하며, 그곳이 지옥의 입구와 너무 가까워서 지옥의 부르짖음과 불길이 순례자에게 들리고 보일 수 있을 정도라고 단정하지도 못한다.[4] 번연 자신은 그런 생생한 경험을 했던 것이 분명하지만, 그 경험은 좁은 길의 불가피한 특징이라기보다 번연의 신경증에 기인한 것일 가능성이 더 크다. 번연은 그 골짜기가 불가피한 것이라고 실제로 말한다. 천상으로 이끄는 길이 그곳을 통과하기 때문이라는 것이다. 그의 말은 그 길이 존 뉴턴(John Newton)이 '많은 위험과 노고와 덫'이라고 표현한 것을 항상 통과한다는 정도까지는 사실이다. 하지만 이것이 그리스도를 따르는 모든 사람이 마귀적 존재와 직접 마주치거나 지옥의 문턱을 걷는 것처럼 느끼는 시기를 통과할 것이라고 뜻하는 것은 아니다.

사실 시편 기자의 진정한 관심은 골짜기와 그 세부 상황에 있지 않다. 그의 초점은 여전히 그의 목자의 용맹함과 돌보심에 맞춰져 있다. 상상할 수 있는 또는 상상할 수조차 없는 최악의 상황에서도 그가 전혀 두려워할 필요가 없는 이유는, 그 골짜기가 아무리 캄캄하고 공포심을 불러일으킬지라도, 그곳의 위험이 아무리 불가피할지라도, 그의 대적들이 아무리 치명적일지라도, 그 목자가 결코 멀리 계시지 않기 때문이다.

"내가 사망의 음침한 골짜기로 다닐지라도 해를 두려워하지 않을 것은 주께서 나와 함께 하심이라"(시 23:4). 양들의 큰 목자이신(히 13:20) 선한 목자는 늘 그곳에 계실 것이며, 우리는 믿음으로 그분의 움직임을 듣고 그

---

[4] 사망의 음침한 골짜기에 대한 번연(John Bunyan)의 묘사는 그의 걸작 『천로역정』(The Pilgrim's Progress)에 나온다. 물론 이 책의 판본은 대단히 많다. 이 책을 읽을 때 번연의 흥미로운 영적 자서전 『죄인의 괴수에게 넘치는 은혜』(Grace Abounding to the Chief of Sinners)를 참조하는 것이 좋다. 이 책의 판본 역시 여럿이다.

분의 만지심을 느낄 것이다. 그분은 그 골짜기를 아시며 친히 그곳을 통과하셨다. 또한 그분이 모든 양을 소중히 여기심은 그분이 그들을 위해 자신의 생명을 지불하셨기 때문이다. 그분은 하나의 양도 결코 잃지 않으신다.

하지만 우리는 여기서 다윗이 하나의 가능성을 노래하고 있을 뿐임을 주목해야 한다. 그는 실제로 그 골짜기에 있지 않으며, 그것에 대처하라는 당부를 받고 있지도 않다.

그가 자신의 결심을 계속 유지하며 모든 상황을 두려움 없이 통과하였을까? 그에게는 침착함이나 단호함과는 거리가 멀었던 순간도 분명 있었다. 성경은 더 평범한 사람들을 격려하기 위해 그런 내용을 그대로 수록하였다.[5] 때로는 다윗의 용기가 쇠락하고 그의 믿음이 흐릿해졌지만,[6] 중요한 것은 목자가 언제나 그와 함께 계셨다는 점이다.

비록 믿음의 눈에 그분이 보이지 않을 때에도, 흑암이 그분을 우리에게서 감출 수는 있으나 우리를 그분으로부터 감추진 못한다는 것을 알고 있어야 한다.

---

[5] 예컨대 시편 22편에서 기자는 버림받음을 느끼고, 시편 69편에서는 발을 디딜 수 없는 깊은 수렁에 빠져서 하나님께 부르짖기도 힘들어진 자신을 언급하며, 시편 88편에서 고라의 자손들 중 하나는 자신을 하나님께 더 이상 기억되지 않는 사람들에 비교한다. 이것이 그리스도인의 보편적 경험은 아니라는 점이 다시 한 번 강조되어야 하지만, 어떤 신자가 그런 경험을 했다고 해서 자신이 그리스도인이 아니라는 결론을 내려서는 안 된다는 점도 강조되어야 한다.

[6] 예컨대 갈릴리 바다의 폭풍 속에서 공포에 질린 제자들에게 주님이 "너희 믿음이 어디 있느냐?"라고 하셨다(눅 8:25). 그들은 믿음을 지니고 있었으나, 그것을 그들의 곤경에 적용하지 못했다.

### 원수들 앞에서 열리는 잔치

그 골짜기는 막다른 골목이 아니다. 들어가는 길이 있듯이 나가는 길도 분명히 있다. 다윗은 계속 나아간다. 이제 그 골짜기가 뒤에 있지만, 그의 곤경은 끝나지 않았다. 대적들이 그를 에워싸는 장면이 보인다.

그러나 골짜기에서처럼, 그의 관심을 끄는 것은 대적들이 아니다. 그가 강조하고자 하는 것은 위험한 원수들에게 에워싸여 있음에도 불구하고 마치 동양의 군주가 하객을 환대하듯이 하나님이 그를 환대하신다는 것이다. 하나님이 그의 머리에 기름을 부으시고 잔치를 준비하신다. 잔치에 걸맞게 다윗의 잔이 넘친다.

우리는 그 원수들이 누군지 모르며, 시편 기자는 그 잔에 대해서 구체적인 언급을 하지 않지만,[7] 핵심은 분명하다. 세상의 적대감이 제아무리 심하더라도, 자기 백성을 왕처럼 환대하시며 그들에게 찬양의 원인을 제공하시는 하나님을 제지하지는 못한다.

그리스도인의 기쁨은 상황에 좌우되지 않는다. 바울과 실라는 상황이 바뀔 때까지 기다리지 않았다. 그들은 깊은 지하 감옥에 갇히고 차꼬에 발이 채워진 상태에서 찬양했다. 종종 핍박이 고조되었을 때 교회가 가장 풍성한 기도 응답을 받고 신자들의 연합이 가장 공고하며 복음의 능력이 가장 강력하였다고 말하는 것은 가공의 이야기가 아니다.

---

[7] 가장 가깝게 평행을 이루는 내용은 다음과 같다. (1) 시편 116편 13절에서 시편 기자는 '구원의 잔'을 언급한다. (2) 마지막 만찬에서 주님은 '언약의 피'인 잔을 언급하셨다(마 26:28). 객관적으로 그 잔은 주님의 피로 말미암은 축복으로 흘러넘친다. 주관적으로 그것은 넘치는 감사의 잔이다.

17세기 남서부 스코틀랜드의 황무지에서 클레이버하우스(John Graham of Claverhouse)의 기마병은 장로주의를 지지하는 서약파의 복음 잔치를 결코 중단시키지 못했다. 북미 대농장의 노예 제도도 종신 노예가 된 아프리카 그리스도인들에게서 찬양을 빼앗지 못했다. 스탈린(Iosif V. Stalin)과 흐루쇼프(Nikita S. Khrushchyov)의 강제 노동 수용소도 러시아의 미등록 교회들을 근절시키지 못했다.

교회에게 참인 것은 개인에게도 참이다. 하나님은 가장 암담한 상황에서도 그분의 백성의 마음속에 노래를 일으키실 수 있다. 우리는 그렇게 되도록 기도해야 한다.

### 평생에 함께하는 선하심과 인자하심

시편의 마지막 구절에 이르면, 더 이상 골짜기와 원수들이 보이지 않는다. 대신에 시편 기자는 선하심과 인자하심이 그의 평생에 따를 것을 확신한다. 여기서는 미래 시제가 사용된다. 하나님의 사랑은 결코 중단되지 않을 것이다.

요한복음 10장 28-29절에서 예수님이 말씀하시듯이, 우리는 강력한 두 손에 붙들려 있다. 성부의 손과 성자의 손이다. 그 누구도 그 손에서 우리를 낚아채지 못한다. "그들을 내 손에서 빼앗을 자가 없느니라 그들을 주신 내 아버지는 만물보다 크시매 아무도 아버지 손에서 빼앗을 수 없느니라."

시편 23편 마지막 구절의 표현은 미래형이지만, 다윗의 일평생의 경험을 반영하는 것이기도 하다. 선하심과 인자하심이 평생토록 그를 따라다녔다.[8] 바울도 같은 증언을 한다. 로마서 8장 28절에서 그는 하나님이 자신을 사랑하는 자들을 위해 모든 것이 합력하여 선을 이루게 하심을 선언한다. 사망의 음침한 골짜기마저 하나님의 '밝은 설계'의 일부였다.

### 하나님의 집에 영원히 살리로다

이생의 날이 끝나고 순례가 종료되면 어떻게 될까? 그것은 시작을 여는 끝이 될 것이다. 시편 기자와 여호와의 관계는 심지어 죽음으로도 결코 끊어질 수 없기 때문이다. 그는 여호와의 집에서 영원히 거할 것이다.

혹자는 이 문구를 시편 기자가 지상에 있는 하나님의 집에서 여생을 보내기를 소원하였다는 것에 국한시키려 한다. 그러나 다윗은 자신의 여생을 지상에 있는 하나님의 집에서 보내지 않았다. 그는 여생의 많은 기간을 전쟁터에서 보냈다. 이 문구를 성전에 대한 언급으로 국한시키려는 시도는 다윗 시대에는 성전이 건축되지도 않았다는 사실로 무산된다. 성전이 건축된 후에도, 그 이후의 어떤 시편 기자도 평생토록 그곳에 거하지 않았다.

---

8) 시편 23편 6절의 '인자하심'에 해당하는 원어는 헤세드(hesed)이다. 이는 특히 하나님의 일관된 언약적 사랑을 뜻하며, 사랑의 감정은 물론이고 충실함과 헌신의 뜻도 시사한다. 다윗의 시편들이 충분히 입증하듯이, 하나님의 인자하심은 평생토록 다윗을 따라다녔다.

어떤 경우든, 시편 기자는 소원을 표현하고 있지 않다. 그는 확신을 피력하고 있다. 그는 여호와의 집에 영원히 거할 것이다.

우리는 하나님의 충분하고도 최종적인 계시에 비추어 이 문구를 읽어야 하며, 그렇게 할 때 우리는 좁은 길에 대한 예수님의 말씀과 목자의 길에 대한 시편 기자의 그림 간의 완벽한 일치를 깨닫는다. 시편 기자에 따르면, 목자의 길은 하나님의 집으로 인도한다. 예수님에 따르면, 좁은 길은 생명으로 인도한다(마 7:14).

이 생명은 단순히 우리가 지금 알고 있는 것과 같은 생명의 연속이 아니라 보다 풍성한 생명(요 10:10) 또는 충만한 생명이다. 그것은 복된 불멸 상태에 있는 영혼을 위한 생명을 뜻하며, 또한 영화로운 부활의 몸을 위한 생명을 뜻한다. 그것은 아담 안에서 손상된 하나님의 형상이 영화롭게 회복된 생명을 뜻한다. 하나님께 합당한 섬김으로 그분을 섬길 수 있는 몸의 힘과 마음의 명민함을 지닌 생명이다. 새 세상을 다스리시는 그리스도의 통치에 우리가 동참하는 생명이다. 목자이신 어린 양의 보살핌을 우리가 누리는 생명이다(계 7:17). 우리가 더 분명한 믿음과 더 순전한 마음으로 그리스도의 모습 그대로를 보며 그리스도 안에서 하나님을 대면하는 생명이다.

이로써 '푸른 풀밭'과 '쉴 만한 물가'라는 시편 기자의 표현은 전혀 새로운 차원으로 다가온다. 분명 '하나님의 집'은 예수님의 말씀을 통해 이해되어야 한다. 그것은 그분의 아버지의 집이다. 그분은 거기로부터 오셨고 그리로 돌아가실 것이었다. 돌아가시기 직전에도 그분은 그 집에 대해 말씀하셨다. 그분은 거할 곳이 많은 집을 말씀하셨다. 아버지께서 모든 나라와 민족과 족속과 각양의 언어가 사용되는 곳들로부터 엄청난 수의 자녀들을 모으시기 때문에 거할 곳이 많이 필요하다(계 7:9).

제자들은 예수님이 그들을 떠나 아버지께로 돌아가신다는 생각에 근심한 것이 분명하다(요 14:1). 그분이 가시는 곳에 그들을 위한 공간이 없을 것을 두려워하였다. 주님은 곧바로 그들을 안심시키셨다. 거할 곳이 많다. 그들 모두와 더 많은 사람이 거하기에 충분한 곳이다.[9] 또한 주님은 그들을 영접하기 위해 자신이 친히 그곳에 계실 뿐만 아니라 자신이 계신 곳으로 그들을 받아들이실 것이라고 그들에게 확언하신다. "나 있는 곳에 너희도 있게 하리라"(요 14:3).

어디로 가시는가? 세상이 존재하기 전에 아버지와 함께 지니셨던 영광의 처소다(요 17:5). 우리가 실제로 그 집을 보기 전까지는 그것이 무엇을 뜻하는지 말할 수 없다. 우리가 아는 전부는 그리스도께서 사시는 곳이 '하나님의 집'이라는 것이다. 그분이 집으로 가신 후에 제자들도 하나씩 그분을 따라갔다. 그들에게 해당되는 사실은 좁은 길을 통과하는 모든 이

---

9) 아우구스티누스(Aurelius Augustinus)는 "거할 곳이 많다는 것은 같은 영생 안에 다양한 등급의 공효가 있음을 가리킨다. 하늘의 별처럼 많은 성도들은 천국에서 각기 다른 수준의 밝기로 빛나는 각기 다른 집을 얻는다."라는 개념을 소개한다. Augustine, *Homilies on the Gospel of Saint John*, XVII, in *The Nicene and Post-Nicene Fathers*, 1st series, vol. VII, ed. Philip Schaff (1888, Reprinted Edinburgh: T&T Clark, 1991), p. 321. 하지만 그런 생각은 본문의 문맥에 전혀 맞지 않다. 칼빈(John Calvin)은 그런 생각을 잘못된 것이라고 지적한다. "예수님이 집이 많다고 하신 것은 그 집들이 다양하며 같지 않다는 뜻이 아니라 많은 사람이 들어가기에 충분하다는 뜻이다. 주님 자신을 위한 곳은 물론이고 그분의 모든 제자를 위한 곳도 있다고 말씀하신 것이다." John Calvin, *The Gospel According to St John 11-21*, p. 74. (원서에 출판사 및 출판 연도 정보가 기재되어 있지 않다-편집자 주.)

에게도 해당된다. '우리는 밤에는 이동식 장막을 치고, 낮에는 그 집으로 더 가까이 나아간다.'

한편, 예수님은 열두 제자에게 그들을 위해 거처를 예비하러 가야 한다고 말씀하셨다. 이것이 무슨 뜻일까? 수백 년 전에 다윗이 세상을 떠났을 때 그 거처가 아직 예비되어 있지 않았는가? 세상의 기초가 놓이기 전에 그것이 예비되어 있지 않았는가?(마 25:34) 물론 하나님의 영원한 예정 속에서 그것은 예비되어 있다. 하지만 추가되어야 할 중요한 사항이 남아 있었다. 보좌의 중앙 자리가 비어 있었다. 아직 어린 양이 그분의 보좌에 앉지 않으셨다. 물론 그분은 영원 전부터 아버지와 함께 계셨지만, 인성을 입으신 상태에서는 그 보좌에 앉아 있지 않으셨다. 그분이 하나님의 우편에 앉아 홀을 잡고 두루마리를 펴셔야 했다(계 5:6-7).

다윗은 하나님의 아들이 임하시기를 간절히 대망하였다. 이제 그분이 승천하신 주님으로 그곳에 계시므로, 그 집에는 온전한 광채가 발한다. "하나님의 영광이 비치고 어린 양이 그 등불이 되심이라"(계 21:23). 잔칫상이 새로 놓였으며, 이제 성육하신 그리스도가 그 상에 앉으신다. 우리의 잔이 넘치며 하늘과 땅과 바다의 모든 피조물이 찬양을 발한다. "보좌에 앉으신 이와 어린 양에게 찬송과 존귀와 영광과 권능을 세세토록 돌릴지어다"(계 5:13). 아멘!

## 사명선언문

너희가 흠이 없고 순전하여……세상에서 그들 가운데 빛들로
나타내며 생명의 말씀을 밝혀 _ 빌 2:15-16

**1. 생명을 담겠습니다**
만드는 책에 주님 주신 생명을 담겠습니다.
그 책으로 복음을 선포하겠습니다.

**2. 말씀을 밝히겠습니다**
생명의 근본은 말씀입니다.
말씀을 밝혀 성도와 교회의 성장을 돕겠습니다.

**3. 빛이 되겠습니다**
시대와 영혼의 어두움을 밝혀 주님 앞으로 이끄는
빛이 되는 책을 만들겠습니다.

**4. 순전히 행하겠습니다**
책을 만들고 전하는 일과 경영하는 일에 부끄러움이 없는
정직함으로 행하겠습니다.

**5. 끝까지 전파하겠습니다**
모든 사람에게, 땅 끝까지, 주님 오시는 그날까지
복음을 전하는 사명을 다하겠습니다.

## 서점 안내

| | |
|---|---|
| **광화문점** | 서울시 종로구 새문안로 69 구세군회관 1층<br>02)737-2288 / 02)737-4623(F) |
| **강남점** | 서울시 서초구 신반포로 177 반포쇼핑타운 3동 2층<br>02)595-1211 / 02)595-3549(F) |
| **구로점** | 서울시 동작구 시흥대로 602, 3층 302호<br>02)858-8744 / 02)838-0653(F) |
| **노원점** | 서울시 노원구 동일로 1366 삼봉빌딩 지하 1층<br>02)938-7979 / 02)3391-6169(F) |
| **일산점** | 경기도 고양시 일산서구 중앙로 1391 레이크타운 지하 1층<br>031)916-8787 / 031)916-8788(F) |
| **의정부점** | 경기도 의정부시 청사로47번길 12 성산타워 3층<br>031)845-0600 / 031)852-6930(F) |
| **인터넷서점** | www.lifebook.co.kr |